王舒 编著

零基础学
直播电商运营与实战一本通

内 容 提 要

随着网络技术的发展，直播电商已经成为一种重要的电商模式，并对传统的搜索电商形成了巨大冲击。而对于普通消费者，"看直播、买商品"已然成为一种潮流购物方式。目前，直播电商领域所售商品已经涉及人们衣食起居的方方面面。

本书以"实操任务＋案例分析"的方式，全面讲解了直播电商行业各方面所需的能力与操作方法。带领读者以直播前准备、直播中执行、直播后复盘的逻辑，全面认识直播电商行业。全书内容包括：直播电商的发展历程、流量的价值与特性、直播平台流量推荐算法、开展直播电商的准备工作、直播电商策划、直播间搭建、主播能力养成、直播脚本与直播话术撰写、直播引流推广、直播复盘总结。

本书的多个章节均为读者安排了实操任务和课后测试，帮助读者巩固所学知识并达到学以致用的目的。全书内容安排由浅入深，语言通俗易懂，实例丰富多样，特别适合广大职业院校及培训学校作为新媒体、电商等相关专业的教材，同时也适合作为广大初学者、电商爱好者的学习参考书。

图书在版编目（CIP）数据

零基础学直播电商运营与实战一本通 / 王舒编著. —北京：北京大学出版社，2023.8
ISBN 978-7-301-34220-6

Ⅰ.①零… Ⅱ.①王… Ⅲ.①网络营销 Ⅳ.①F713.365.2

中国国家版本馆CIP数据核字（2023）第132408号

书　　　名	零基础学直播电商运营与实战一本通 LINGJICHU XUE ZHIBO DIANSHANG YUNYING YU SHIZHAN YIBENTONG
著作责任者	王　舒　编著
责任编辑	刘　云
标准书号	ISBN 978-7-301-34220-6
出版发行	北京大学出版社
地　　址	北京市海淀区成府路205号　100871
网　　址	http://www.pup.cn　新浪微博：@北京大学出版社
电子信箱	编辑部：pup7@pup.cn　总编室：zpup@pup.cn
电　　话	邮购部 010-62752015　发行部 010-62750672　编辑部 010-62570390
印 刷 者	北京鑫海金澳胶印有限公司
经 销 者	新华书店
	720毫米×1020毫米　16开本　15.25印张　240千字 2023年8月第1版　2023年8月第1次印刷
印　　数	1–3000册
定　　价	69.00元

未经许可，不得以任何方式复制或抄袭本书之部分或全部内容。
版权所有，侵权必究
举报电话：010-62752024　电子信箱：fd@pup.pku.edu.cn
图书如有印装质量问题，请与出版部联系，电话：010-62756370

前言

2016年,淘宝首次推出直播电商功能,在经历了多年的探索后,直播电商于2019年迎来了井喷式的发展,截至2022年底,全网直播电商总规模高达3.5万亿元。直播电商已然成为经济复苏的重要平台,也成为各行各业最为核心的营销渠道。据不完全统计,截至2022年底,围绕直播电商行业的全国从业人员超1000万人,其总体薪资位列各行业前列,已然成为解决就业的重要渠道。

 本书内容介绍

本书以实操任务结合案例分析,带读者全面认识直播电商行业。全书内容包括:直播电商的发展历史、流量的价值与特性、直播平台流量推荐算法、开展直播电商的准备工作、直播电商策划、直播间搭建、主播能力养成、直播脚本与直播话术撰写、直播引流推广、直播复盘总结。多个章节的最后还为读者安排了课后实训任务,旨在通过实操巩固所学知识,达到学以致用的目的。

 本书特色

全书内容由浅入深,语言通俗易懂,案例丰富多样,每个操作步骤的介绍都清晰准确,是一本适合直播电商行业各岗位工作人员和希望进入直播电商行业的初学者的学习参考用书。

(1)内容全面,结构清晰。本书对直播电商从前期准备工作到后期复盘分析工作进行了系统梳理,结合大量的配图说明和实操案例,使直播电商行业中晦涩难懂的部分变得浅显易懂。特别是对"流量"的本质属性、直播平台的流量分配逻辑和引流推广做了重点分析和实操说明。

（2）案例丰富，实用性强。全书安排了20个课堂范例和12个课后实训任务，帮助读者认识直播电商的商业知识和各个环节的实操方法。安排了22个"课堂问答"，帮助初学者排解学习过程中遇到的疑难问题；安排了多个"大师点拨"和"温馨提示"，对知识点和实操工作的细节进行了诠释和知识延伸。

（3）配套资源，巩固提高。本书提供PPT教学课件及相关习题答案。每章后面的"知识能力测试"习题及附录的两套"知识与能力总复习"，都有参考答案。认真完成这些测试习题，可以帮助初学者巩固所学内容。（提示：相关资源可以从网盘下载，方法参考后面介绍。）

教学课时安排

本书综合了直播电商行业中各个环节和各个岗位的工作内容，现给出本书教学的参考课时（共46个课时），主要包括教师讲授（28课时）和学生练习或实操（18课时）两部分，具体安排参考如下表所示。

章节内容	课时分配	
	教师讲授	学生练习或实操
第1章 电商新风口：直播电商	1	0
第2章 直播电商的准备工作	3	2
第3章 如何开通抖音小店	2	1
第4章 直播电商平台算法逻辑	2	1
第5章 直播电商的选品与策划	4	2
第6章 直播电商话术与主播能力的培养	4	3
第7章 直播电商的实施与执行	4	4
第8章 直播电商的引流与推广策略	4	3
第9章 直播电商的复盘、分析与优化	4	2
合计	28	18

前言

本书知识结构图

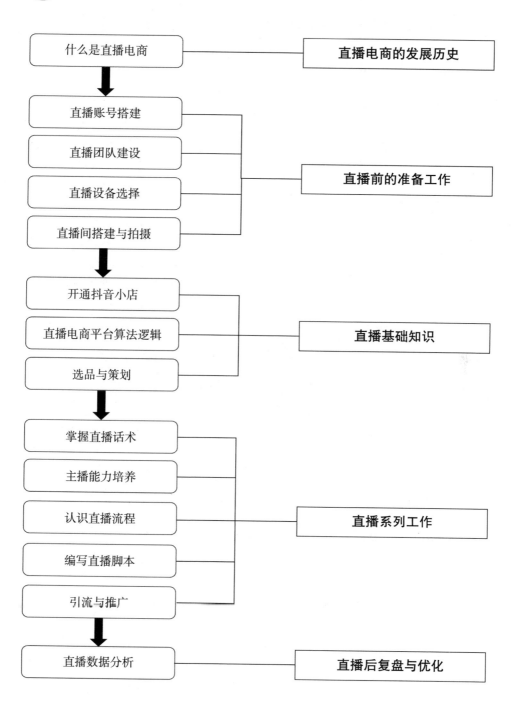

配套资源说明

本书附赠相关的学习资源和教学资源，具体内容如下。

一、PPT 课件

本书为教师们提供了 PPT 教学课件，方便教师教学使用。

二、习题及答案

本书提供两套"知识与能力总复习"，方便教师检验学生学习效果，也适合学生自我检测。本书每章后面的"知识能力测试"及两套"知识与能力总复习"的参考答案，可参考"下载资源"中的"习题答案汇总"文件。

> **温馨提示**
>
> 对于以上资源，已传至百度网盘，供读者下载。请读者关注左下方或封底的"博雅读书社"微信公众号，找到资源下载栏目，输入图书 77 页的资源下载码，根据提示获取。或者扫描右下方的二维码并关注公众号，输入代码 BD191，获取下载地址及密码。

博雅读书社　　　新精英充电站

创作者说

本书由凤凰高新教育策划，由经验丰富的王舒老师执笔编写。在编写过程中，我们竭尽所能地为您呈现更好、更全的实用功能，但仍难免有疏漏和不妥之处，敬请广大读者不吝指正。

编者

目录

第1章　电商新风口：直播电商　001

1.1 直播电商的概念 002
- 1.1.1 什么是直播电商 002
- 1.1.2 直播电商的产生与发展 003
- 1.1.3 主流直播平台与特点 005

课堂范例

同一 IP 多平台账号矩阵 009

1.2 短视频与直播 010
- 1.2.1 短视频的兴起 010
- 1.2.2 短视频与直播的关系 013
- 1.2.3 短视频变现的几种模式 014

课堂问答

- 问题1：直播电商与电商直播的区别是什么？ 018
- 问题2：最容易制作的短视频类型是哪种？ 018
- 问题3：直播电商与传统电商的区别是什么？ 018

知识能力测试 018

第2章　直播电商的准备工作　020

2.1 直播电商平台账号搭建 021
- 2.1.1 账号注册 021
- 2.1.2 完善账号信息 022
- 2.1.3 如何申请企业账号 023

课堂范例

优秀直播电商账号赏析 025

2.2 直播电商注意事项 026
- 2.2.1 直播电商名词解释 027
- 2.2.2 电商禁售商品规则 029
- 2.2.3 直播电商中的违规词类 031
- 2.2.4 直播电商中的禁忌词类 032
- 2.2.5 直播电商中的违法违规行为 033

2.3 直播电商团队建设 034
 2.3.1 直播电商人员配置 034
 2.3.2 直播电商各岗位职责与
   要求 034

2.4 常用的直播设备 036
 2.4.1 画面采集设备 036
 2.4.2 声音采集设备 039
 2.4.3 灯光设备 041
 2.4.4 辅助软件 042
 2.4.5 辅助硬件 044

2.5 直播间拍摄技巧 045
 2.5.1 拍摄高度 045
 2.5.2 拍摄方位 046

课堂问答

问题1：完整的账号信息包括哪些
   内容？ 047
问题2：直播间设备由哪几类组成？ 047

课后实训

任务1：注册抖音账号并完成账号信息
   设置 047
任务2：运用抖音直播助手开启一场PPT讲
   解直播 049

知识能力测试 052

第3章 如何开通抖音小店   054

3.1 抖音小店介绍 055
 3.1.1 什么是抖音小店 055
 3.1.2 抖音小店的优势 056
 3.1.3 开通抖音小店的资质要求 057

3.2 抖音小店的功能 058
 3.2.1 如何开通抖音小店 059
 3.2.2 如何上传商品 061
 3.2.3 如何开通和添加小黄车 062
 3.2.4 抖店营销工具 064

课堂范例

运用抖店营销工具创建满减活动 065

课堂范例

运用抖店营销工具创建店铺新人礼金 067

课堂范例

运用抖店营销工具创建秒杀活动 069

课堂范例

运用抖店营销工具创建直播间福利任务 070

3.3 开通抖音小店的成本 074
 3.3.1 开店保证金缴纳 074
 3.3.2 关店保证金退还 075

3.4 抖音付费推广工具 075
 3.4.1 Dou+ 076
 3.4.2 巨量引擎 076
 3.4.3 巨量千川 077
 3.4.4 小店随心推 078

课堂问答

问题1：开通抖音小店的主体资质有哪
   三种？ 079
问题2：开通抖音小店后可以在哪些平台分
   享商品？ 079

问题3：Dou+和巨量千川有什么区别？....079　　任务2：在抖店中创建优惠券................082

课后实训

知识能力测试................................083

任务1：在小黄车中添加商品链接........079

第4章　直播电商平台算法逻辑　　085

4.1 主流平台直播推荐算法................086
- 4.1.1 大数据与人工智能................086
- 4.1.2 用户匹配................................088
- 4.1.3 协同匹配................................088
- 4.1.4 流量推送机制........................089
- 4.1.5 直播间权重叠加....................090

课堂范例

优秀直播间赏析..................................090

4.2 直播间流量的核心要素................091
- 4.2.1 什么是流量池........................091
- 4.2.2 直播间人气指数....................093
- 4.2.3 直播间销售指数....................094
- 4.2.4 口碑指数................................094

课堂问答

问题1：哪些因素会影响直播间流量？...096
问题2：平台如何为用户贴上标签？......096

知识能力测试................................096

第5章　直播电商的选品与策划　　098

5.1 认识直播流量............................099
- 5.1.1 流量的定义与价值................099
- 5.1.2 短视频直播时代的流量特性...100
- 5.1.3 流量密码................................100
- 5.1.4 公域流量与私域流量............102

课堂范例

公域流量如何转私域流量..................103

5.2 直播电商的选品方法....................104
- 5.2.1 直播电商选品逻辑................104
- 5.2.2 高转化率选品技巧................106
- 5.2.3 多维度选品评分机制............108

课堂范例

利用选品评分表为商品打分..............110
- 5.2.4 商品卖点分析........................110
- 5.2.5 选品渠道................................111

5.3 直播电商的内容定位....................113
- 5.3.1 主播人设定位设计................113
- 5.3.2 主播风格定位设计................115
- 5.3.3 自身优势分析........................115
- 5.3.4 目标消费者分析....................117

5.4 直播电商的内容策划....................117
- 5.4.1 直播内容定位........................117

3

5.4.2 直播内容呈现形式 118
5.4.3 优质直播的特性 120

课堂范例

如何设计直播电商策划思维导图 120

5.5 如何打造直播 IP 122
    5.5.1 打造 IP 的必要性 122
    5.5.2 多维度打造直播 IP 123

5.6 直播间的搭建原则与禁忌 125
    5.6.1 直播间的人、货、场 125
    5.6.2 搭建直播间的禁忌 126
    5.6.3 热门直播间的类型 127

课堂范例

如何避免直播间搭建的三大"坑" 129

5.6.4 直播间物料清单 130

课堂问答

问题1：如何将公域流量转化为私域
流量？ 131
问题2：列举3个选品渠道。 131
问题3：直播电商选品应该遵循哪些基本
逻辑？ 131

课后实训

根据选品逻辑筛选1个商品，并进行选品
评分 132

知识能力测试 132

第6章 直播电商话术与主播能力的培养　134

6.1 直播电商话术 135
    6.1.1 直播间留人话术 135
    6.1.2 直播间互动话术 136
    6.1.3 直播间成交话术 137
    6.1.4 直播间追单话术 138
    6.1.5 直播间转款话术 138

课堂范例

运用4个技巧编写直播间留人话术 139
6.1.6 直播间其他话术 140

6.2 主播能力的培养 141
    6.2.1 主播外形塑造 141
    6.2.2 语言表达能力锻炼 142
    6.2.3 心理素质锻炼 143

6.3 主播能力进阶 143
    6.3.1 主播类型分类 144
    6.3.2 主播的5大禁忌 146
    6.3.3 优秀主播能力模型 147
    6.3.4 主播自评标准 148

课堂问答

问题1：专业型主播的特点和适合的销售商
品类型主要有哪些？ 149
问题2：什么是预告话术与下播话术？ 149
问题3：主播在直播时应尽可能避免哪些行
为的发生？ 149

课后实训

编写适合自身特点的直播间话术文稿 149

知识能力测试 150

第7章 直播电商的实施与执行　　153

7.1 认识直播流程……………………154
　7.1.1 通用直播流程……………154
　7.1.2 直播计划…………………155
　7.1.3 新主播开播流程…………157
　7.1.4 新主播快速起号…………158

课堂范例

如何编写直播计划表…………………159

7.2 直播脚本…………………………162
　7.2.1 基础直播脚本……………162
　7.2.2 美妆商品直播脚本………162
　7.2.3 服装商品直播脚本………164
　7.2.4 数码商品直播脚本………164
　7.2.5 食品商品直播脚本………166
　7.2.6 母婴商品直播脚本………166

课堂范例

直播脚本常用的 5 种类型……………166

7.3 直播结束后的工作内容……………167

　7.3.1 直播订单处理……………168
　7.3.2 直播电商售后服务………168

课堂范例

使用抖店售后工作台进行高级查询………169

课堂问答

问题 1：基础直播脚本包含哪几个要素？
…………………………………………171
问题 2：编写直播脚本有什么价值和
作用？……………………………171

课后实训

任务 1：梳理直播计划并填写直播计划表
…………………………………………171
任务 2：以华为 Mate40 Pro 手机为例编写基础直播脚本……………………………172
任务 3：结合前面两个任务，完成一场直播
…………………………………………172

知识能力测试……………………………172

第8章 直播电商的引流与推广策略　　174

8.1 直播流量的来源……………………175
　8.1.1 抖音直播间流量来源……175

课堂范例

运用 Dou+ 创建直播间自定义投放
计划……………………………………177

课堂范例

运用 Dou+ 创建直播间快速加热投放计划
…………………………………………179

　8.1.2 淘宝直播间流量来源……181
　8.1.3 拼多多直播间流量来源…183
　8.1.4 其他直播平台流量来源…184

8.2 直播的推广策略……………………185
　8.2.1 直播前推广引流…………185
　8.2.2 制作直播预告视频………188
　8.2.3 直播付费推广引流………190

课堂范例

如何运用小店随心推创建直播付费推广计划
....191

8.3 打造直播电商账号矩阵.............193
 8.3.1 直播电商账号矩阵的价值.....193
 8.3.2 直播电商账号矩阵的两种类型
 193

课堂问答

问题1：直播间流量来源都有哪些渠道？
....195

问题2：抖音直播间付费推广方法有哪些？
....195

课后实训

运用巨量千川创建直播间投放计划.........196

知识能力测试.....................................199

第9章 直播电商的复盘、分析与优化   200

9.1 什么是直播复盘............................201
 9.1.1 直播复盘的目的.....................201
 9.1.2 直播复盘的关键指标.............201

课堂范例

如何制作直播复盘分析表......................202

9.2 直播数据分析................................202
 9.2.1 直播数据收集平台.................203
 9.2.2 用户数据分析.........................205
 9.2.3 经营数据分析.........................207

课堂范例

如何运用抖音数据中心查询分析直播数据
....209

 9.2.4 直播预算复盘.........................211

9.3 直播方案优化................................211
 9.3.1 直播策划的优化.....................212
 9.3.2 主播能力的优化.....................212
 9.3.3 商品的优化.............................212

课堂问答

问题1：直播复盘需要对哪些数据进行
   分析？.................................213

问题2：直播预算复盘有何价值和作用？
....214

课后实训

任务1：制作直播预算复盘表.................214
任务2：根据直播复盘制作直播优化表..214

知识能力测试.....................................215

附录A 知识与能力总复习（卷1）...217
附录B 知识与能力总复习（卷2）...223
附录C 直播电商常用术语释义速查...229

第1章
电商新风口：直播电商

  2016年，淘宝率先推出直播电商功能，该年也被称为"直播电商元年"。随着抖音直播的爆火，直播电商在2019年得到迅猛发展，截至目前已经成为消费端市场最主要的一种营销模式和消费场景。直播电商在经历了多年的发展后，已经形成一套完善的产业链模式，即商家—直播平台—直播机构—消费者。其中在消费者端，我国目前拥有6亿网络直播用户，超3亿直播电商消费用户，预计2023年直播电商交易规模将达到29000亿元，同比增长200%。通过本章的学习，读者可以全面认识直播电商的发展历程和目前主流直播电商平台的特点。

学习目标

- 认识直播电商的发展历程
- 认识各直播平台的特点与差异
- 认识短视频的特点和发展历程
- 认识短视频与直播的关系

1.1 直播电商的概念

直播电商在本质上仍然属于电子商务范畴，所以传统电商中的仓储、物流、客服、售后等环节在直播电商中也必不可少。直播电商与传统电商最大的区别在于内容传播形式的变化和用户消费决策方式的变化。

1.1.1 什么是直播电商

直播电商是将直播与电商相融合的一种营销模式，通常由直播平台、电商平台、直播机构、主播共同组成。直播平台主要用于发布直播内容，是直播内容的载体，诸如抖音、快手等。电商平台主要用于实现直播电商的商品交易和售前售后服务的功能，比如抖音小店。直播机构又称为"MCN"机构，是专门帮助各类商家开展直播业务的商业机构。与传统电商相比，它具有更强的展示性、及时性和互动性，从而使得直播电商在提高消费转化率和缩短消费决策时间上具有明显优势。直播电商归根到底还是属于电子商务的范畴。

传统电商我们称之为"搜索电商"，即用户通过在电商网站上搜索自己想买商品的关键词，找到心仪商品再下单购买。这种模式下用户已有消费需求和消费计划，属于理性消费。而直播电商我们称之为"兴趣电商"或"内容电商"，用户可能在直播间看到一样和自己兴趣爱好相关的商品，在主播的讲解和带动下产生了冲动购买行为，这种行为属于感性消费或冲动消费。

> **温馨提示**
>
> 直播电商更像是逛商场，"逛"才是目的，消费只是在"逛"的过程中产生的附加行为。

直播电商与传统电商相比，其特点包括以下几个方面。

❶ 购物体验更加直观

直播电商的购物体验更加生动直观，观众可以在直播中看到商品的真实展示和使用效果，能够更好地感受到商品的特点和优势。

第1章 电商新风口：直播电商

② 营销手段更加多样

直播电商通过主播的主持和推销，再加上丰富多样的营销手段（如组织游戏、送礼品等方式）来增加与用户的互动，提升销售转化率。

③ 交易环节更加快速

直播电商的交易环节更加快速，观众可以在直播中直接购买商品，避免了传统电商中烦琐的页面跳转和下单流程。

④ 售后服务更加便捷

直播电商中的主播通常也是商品的代理商，能够直接与消费者沟通，更加便捷地提供售后服务。

1.1.2 ▶ 直播电商的产生与发展

众所周知，所有生意的核心都是解决"信任"问题。传统电商的展示方式是以图文为核心，展示性较弱，不具有互动性，且同质化严重。随着电商竞争的白热化，商家急需一种高互动、强展示、离用户更近的内容呈现形式。2016年淘宝推出的淘宝直播正好满足了商家的这一需求。

与此同时，4G网络的普及和5G网络的应用，也为移动网络直播提供了高效的硬件环境。

随着淘宝直播的成功，各大平台先后开通直播电商相关功能，各类明星、网红和传统电商不断涌入。直播电商领域逐渐形成了两种不同模式，即达人带货（如图1-1所示）与店铺直播（如图1-2所示）。其中达人带货是以"人"为中心，店铺直播则是以"货"为中心。

达人带货，顾名思义就是借助达人的公信力和影响力，依靠粉丝对达人的信任，以直播的形式向粉丝推荐产品。例如，某搞笑剧情账号"疯狂××哥"，全网粉丝超过1亿，其借助强大的粉丝影响力，于2022年开始直播带货，场均观看人数超过3000万，场均销量约5000万件。在"疯狂××哥"直播间推荐的商品，一旦上架，通常都会被粉丝"秒光"。

图1-1 达人带货

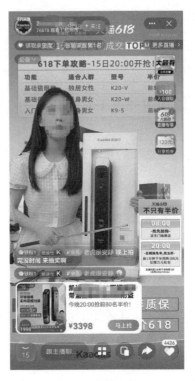

图1-2 店铺直播

店铺直播又称为"电商直播",是指从事电商店铺运营的主体机构,运用直播形式销售店铺中的产品。这类直播间的主播并不是各类达人,而是公司员工、老板或导购人员。例如,成都的李某是一家女鞋公司的老板,由于出口贸易萎缩,传统电商成本逐年增长,公司业绩下滑明显。李某在2022年2月创建抖音店铺,开始直播卖货。她每天早晨6点开始直播,经过6个月的坚持,不仅累计粉丝超过100万,而且店铺月销量高达1000万。李某也由一位公司老板摇身一变成为在女鞋垂直领域的知名主播。

> **温馨提示**
>
> 说到直播电商,大家往往想到的是达人带货,其实在所有的直播电商中,绝大多数都是店铺直播。在店铺直播中又包含了品牌直播和厂商直播,这两种直播主体都必须建立在电商店铺的基础上,所以统称为"店铺直播"或"电商直播"。

第 1 章 电商新风口：直播电商

1.1.3 ▶ 主流直播平台与特点

目前直播平台众多，直播内容十分丰富，如图 1-3 所示，可以满足各类用户的娱乐、购物、学习等需求。

图1-3 主流直播平台

1 抖音

抖音是由字节跳动推出的一款短视频直播软件 App。2021 年抖音活跃用户数近 7 亿，电商规模达 5000 亿元，并且打造了一个以抖音、今日头条、西瓜视频、火山短视频、番茄阅读为主的内容平台矩阵，是目前国内用户数、活跃数最多的综合内容电商平台。其中，知识付费、店铺直播、达人带货、短视频带货都拥有大量的商家和消费者，如图 1-4 所示。

抖音率先推出 App 首页取消短视频内容聚合页，采用沉浸式的界面风格。用户登录抖音后直接就能看到系统推荐的单个短视频内容，整个界面没有让用户进行选择的空间。而用户对系统推荐的内容是否喜欢，体现在观看视频时长和点赞、评论、转发等互动行为上。这种沉浸式的界面设计能够有效控制用户的选择成本，降低选择时间，大大提高用户在平台的停留时长。

2 淘宝直播

淘宝直播是由阿里巴巴推出的直播平台，定位消费类直播，几乎涉及所有消费品类，其中达人带货与店铺直播是其主要直播模式。淘宝直播计划打造 10 万个月收入过万元的主播，100 个年销售过亿元的 MCN 机构，并发布 500 亿元资源包，覆盖资金、流量和技术。其中针对技术，淘宝将整合阿里巴巴经济体内的所有资源投入百亿级别流量，让优质内容和直播间被发现，淘宝直播界面如图 1-5 所示。

图1-4 抖音

图1-5 淘宝直播界面

3 微信视频号

微信视频号是由腾讯于2020年推出的一款短视频和直播平台，它不同于订阅号和服务号，是一个全新的内容创作平台，借助微信强大的社交功能，对私域流量运营具有较大优势。目前，微信视频号已经陆续推出直播电商的各项功能，如图1-6所示。

4 哔哩哔哩

哔哩哔哩，英文名为bilibili，简称B站。是一个以动漫、游戏为主的泛娱乐内容创作平台。在经过十多年的发展之后，B站围绕用户、创作者和内容，构建了一个源源不断地生产优质内容的生态系统，还涵盖了7000多个兴趣圈层的多元化社区等，深受年轻人的喜爱。B站在直播电商领域以虚拟产品、动漫、游戏类型为主，如图1-7所示。

第 1 章 电商新风口：直播电商

图1-6 微信视频号入口

图1-7 哔哩哔哩

5 小红书

小红书是一个深受年轻人喜欢的生活方式平台和消费决策入口，用户通过图文、视频来记录和分享生活方式，目前用户数突破 3 亿。小红书通过机器学习对海量信息和人群进行精准、高效的匹配，旗下设有电商业务，曾被《人民日报》评为代表中国消费科技产业的"中国品牌奖"，如图 1-8 所示。

6 快手

快手是一款用视频记录生活的短视频直播平台，最初是一款用来制作、分享 GIF 图片的手机应用。2012 年 11 月，快手从纯粹的工具应用转型为短视频社区。2022 年第一季度平均月活跃用户数破 5 亿，是目前直播电商的主要直播平台之一，如图 1-9 所示。相比抖音，快手中的内容更加"草根"。快手早期主要以普通草根阶层记录和分享生活的短视频内容为主，但目前已经发展成为一个内容多元化的短视频平台，也成为内容创业者搭建短视频矩阵的重要平台。

图1-8 小红书

图1-9 快手

7 拼多多

拼多多也是国内移动互联网的主流电子商务应用平台，其专注于C2M拼团购物，截至2022年底，平台平均月度活跃用户高达近8亿。平台不仅为商家提供传统图文展示模式，还提供了视频带货和直播带货等多种内容营销模式，如图1-10所示。

图1-10 拼多多直播

课堂范例

同一 IP 多平台账号矩阵

随着直播电商的蓬勃发展，越来越多的直播平台应运而生。虽然各平台的规模、特点不尽相同，但其线上卖场的本质没有任何变化。特别是几大主流平台动辄上亿的活跃用户数，使得各类商家争相加入。俗话说，"有流量的地方才有生意"，在这个"酒香也怕巷子深"的年代，如何选择卖货平台就成了一个核心问题。

但电商在经过多年的发展后，已经形成了一套店铺矩阵的运营模式，即在同一平台或不同平台运营多个店铺的模式。

回力作为一个知名的国产运动鞋品牌，在全网主流直播电商平台均开设了店铺，通过一系列账号矩阵运营、品牌运营、直播运营，让商品更大概率地出现在消费者视野中。抖音回力官方旗舰店如图1-11所示，天猫回力官方旗舰店如图1-12所示，拼多多回力官方旗舰店如图1-13所示。

图1-11　抖音回力官方旗舰店　　图1-12　天猫回力官方旗舰店　　图1-13　拼多多回力官方旗舰店

> **大师点拨**
>
> 店铺矩阵的运营模式和传统线下门店在不同区域开店的逻辑相同。这种模式不仅更多地抢占了流量，还能有效提高店铺或者品牌的曝光率。由此我们可以看出，电子商务和传统线下生意在底层逻辑上高度相似。

1.2 短视频与直播

在碎片化的信息时代，生活节奏越来越快，人们已经很难去精读一篇文章，深度学习一本书。简练而直白的短内容，成了当下最主要的信息传播方式。试问一下，大家已经有多久没有去完整地读一本书，甚至是完整地看一部电视连续剧了？取而代之的是简短的图文、视频集锦、主题摘要等精简内容，我们把这个现象称为知识"快消费"。

每个新的传播媒介都是基于底层技术的发展，短视频也不例外。高效的智能手机和普及的4G、5G网络技术，让拍摄、加载和传输变得更加容易，为短视频的流行提供了良好的硬件支撑。而短视频这种以"秒"为时间单位的长度特点，也更加符合知识"快消费"时代用户的需求。

1.2.1 ▶ 短视频的兴起

无论你是不是短视频用户，都不得不承认这已经是一个短视频的时代，而且短视频还在继续发展，远远没有达到它的巅峰。据不完全统计，截至2021年12月，全球每天生产短视频内容高达4亿条，其中光抖音平台每天就生产8000万条短视频内容。截至2022年12月，全球短视频日活跃用户数量突破10亿。

❶ 什么是短视频

短视频即短片视频，是一种互联网内容传播形式，主要在各种新媒体平台上播放，适合在移动状态和短时休闲状态下观看，是一种高频推送的视频内容。一般短视频播放时长不超过3分钟，内容融合了技能分享、幽默搞怪、时尚潮流、社会热点、街头采访、公益教育、广告创意、商业定制等主题。抖音平台早期要求普通创作者上传的视频时长不得超过 1 分钟。随着移动终端的普及和网络的提速，短、平、快的大流量传播内容逐渐获得各大平台、粉丝和资本的青睐。

❷ 短视频的特点

短视频作为一种新的内容传播方式，不同于微电影和直播，其制作并没有特定的表达形式和团队配置要求，具有生产流程简单、制作门槛低、参与性强等特点，又比直播更具有传播价值。超短的制作周期和精简又趣味化的内容对短视频制作团队的文案及策划功底有着一定的要求，此外，短视频的出现丰富了新媒体原生广告的形式。

短视频与长视频最大的区别就是视频时长大大缩短。传统的长视频如电影、电视剧、电视节目等往往时长在 45 分钟左右，个别电影时长甚至高达 4 小时。用户通过长视频获取信息需要付出巨大的时间成本，在如此高节奏和碎片化的时代，动辄 1 小时以上的时间成本，显然不易被用户所接受。

短视频虽然时长较短，但内容的完整性并不缺失。因此，快节奏的内容表现形式，更加符合信息快餐化的消费习惯。

❸ 短视频的类型

常见的短视频类型包括剧情类、口播知识类、影视剪辑类、生活 vlog、亲子类、才艺展示类、新闻类、萌宠类等，如图 1-14 所示。此外，还有一种特殊的短视频，即图文类，是指以图文形式在短视频平台发布内容。

图1-14 短视频类型

下面介绍几种比较常见的短视频类型。

（1）剧情类。该类短视频的表现方式是以人物故事为核心，将内容思想传达给用户。这类短视频往往制作成本巨大，无论是在拍摄还是在剧本创作方面，都有着较高要求。特别是在创作持续性上有着极大难度，很多剧情形式的账号因为没有更多的剧本而停更。但这种形式能很好地与用户产生共鸣和共情，对用户吸引力和用户黏性极强。剧情形式的创作常用于搞笑娱乐类短视频、亲子互动类短视频、情侣生活类短视频、才艺展示类短视频。

（2）口播知识类。该类短视频的表现方式是视频主角通过语言来讲解行业内专业知识。这类形式的短视频制作成本较低，与其他类型的短视频相比更容易制作，往往一个人就能完成整个拍摄。创作者在固定拍摄镜头后，面对镜头进行语言表达即可。但这类短视频对创作者的语言表达能力、文案写作能力和镜头感的要求较高。知识口播形式的创作常用于行业知识分享短视频、专业技能讲解短视频。

（3）影视剪辑类。该类短视频既是一种内容形式也是一种内容方向。它往往不需要真人出镜，视频画面主要以影视片段或体育比赛中的画面为主。影视剪辑类形式主要是使用语言艺术来诠释、分析影视剧情或比赛过程，以此来吸引用户的关注和喜爱。影视剪辑类短视频制作成本较低，吸粉能力极强。但行业竞争激烈，从事影视剪辑解说的账号众多。

（4）Vlog类。Vlog即视频播客，是创作者以视频的方式记录个人日志并进行发布。Vlog常用于记录创作者生活、工作中有趣、有意思的事件。相比于剧情形式短视频，Vlog具有更强的真实性。

此外，图文形式的短视频也比较常见。图文形式的短视频主要以图片配合文字解释，再加上背景音乐的方式出现。目前抖音专门推出了抖音图文计划，用户可以直接选择发布图片，不需要再单独将图片制作成视频的流程。有效地弥补了图片不能选择观看的缺点。

大师点拨

图文形式是一种内容载体形式。其内容本身可以多种多样，既可以是知识分享、新闻、才艺展示，也可以是亲子、风景旅游等。

1.2.2 短视频与直播的关系

短视频与直播是当下最为流行的两种营销模式,两者具有以下关系。

❶ 平台共生关系

当下主流的短视频平台,都同时具备短视频和直播两大功能,也就是说,两者在平台内面对的是相同的流量群体。但用户会根据自身的需求和喜好,选择不同的内容形式。以用户需求为出发点,创作者在内容呈现形式上可同时拥有短视频和直播两种选择,可以更好地触达用户,获取更多的流量关注。

❷ 营销互补关系

本质上,短视频和直播是两种内容形式,它们具有不同的特点。

短视频受时间和空间的限制较小,用户可以利用碎片化时间在移动场景下进行观看,比如上下班乘地铁的时间、等公交车的时间都是用户刷短视频的高发时段。而观看直播在时间和空间上都具有较强的限制性。直播往往具有固定的时间点,这个时间不受用户控制。加之直播通常用小时作为时间单位,用户完整观看一场直播需要花费大量时间,在移动场景下也很难完整观看整场直播。所以在营销上,短视频具有传播速度快、传播周期长的优势,更加适合汇聚流量、打造账号。

不过,直播时主播可以与用户进行实时互动,提升用户的参与感,增强了用户的黏性和忠诚度。同时,主播可以通过直播中的互动反馈,深入地了解用户需求,从而更好地形成自己的直播方法论。所以直播具有互动性、实时性更强的优势,可以更好地释放商业势能。

在实际的营销操作中,短视频常用作宣传、引流,直播则主要承担商业变现的功能。将短视频与直播相结合,比单一的内容形式更具传播性和互动性,商业变现效果也更好。

> **大师点拨**
>
> 在商业实操中,短视频常用于"种草",而直播就是"割草"的工具。"种草"是一种网络流行语,表示"分享推荐某一商品的优秀品质,以激发他人的购买欲望"的行为,或自己根据外界信息,对某事物产生体验或拥有的欲望的过程;也表示"把一样事物分享推荐给另一个人,让另一个人也喜欢这样事物"的行为。"割草"则是对"种草"对象销售商品,实现盈利的一种行为。

1.2.3 短视频变现的几种模式

目前我国每天生产短视频约 8000 万条，如此大的生产规模，自然就产生了很多商业机会，很多创作者或机构利用短视频产生了收益。虽然细分的短视频变现方法有很多种，但归纳到一起，主要分为以下四种。

1 广告收益变现

在短视频中进行冠名、代言、品牌宣传、贴片等行为产生的收益称为"广告收益"。广告收益变现是短视频最重要的一种变现模式，其收入的多少，取决于账号粉丝和短视频的播放量。广告收益变现一般有以下几种方式。

（1）品牌广告：是指在短视频中加上赞助商或者广告主名称，进行品牌宣传、扩大品牌影响力的广告形式。品牌广告分为品牌冠名和品牌植入两种。品牌冠名是指在短视频的主要内容开始前就要提前宣传品牌，这和常见的品牌冠名电视节目、综艺节目形式相同。品牌冠名广告往往金额较大，对账号的数据要求也极高。品牌植入广告是指将品牌商品植入短视频的剧情中，让用户在观看视频时，无意识地接触和熟悉品牌。

（2）产品贴片广告：是指在短视频的播放中加入一个专门制作的广告，这种广告到达率比较高，但是相较于其他广告形式，片方的收入会低一些。此外，这类广告的出现可能会让用户感觉有些突兀，因此要将广告与短视频本身的内容关联起来，以免给用户带来不太好的观感体验。如图 1-15 所示，该短视频是讲述夫妻生活的搞笑娱乐内容，但博主在视频中植入化妆品的贴片广告，并提供了商品购买链接，这就是短视频中最为常见的贴片广告。

> **大师点拨**
>
> 在短视频中植入贴片广告，往往会显得比较突兀，使得短视频内容缺乏连贯性。较为合理的方法是，选择与短视频内容相吻合的商品进行贴片。例如，图 1-15 中的短视频讲的是丈夫送妻子礼物的趣事，在其中植入化妆品广告作为其中的一个桥段，并不会影响剧情的完整性，还能使用户具有更好的代入感。

（3）引导下载广告：是指在短视频中介绍虚拟商品，并提供虚拟商品的下载链接。该模式区别于品牌和贴片广告，因为这两种广告并不需要为用户提供消费路径，而引导下载广告不仅需要介绍产品和获得路径，还需要提供路径入口。这种类型的广告具有明显的导流效果，与短视频的特性高度吻合，是一种直接追求效果的广告类型。如图 1-16 所示，该短视频是讲述妻子教育丈夫少玩游戏的搞笑娱乐内容，但博主在视频中植入一款游戏介绍，并在视频中提供游戏下载链接。引导下载广告主要用于手机游戏和各类 App 的推广与下载。

图1-15　产品贴片广告

图1-16　引导下载广告

2　电商变现

电商变现模式是一种将短视频与电商相结合的一种变现模式，属于运用内容实现电商卖货的"兴趣电商"范畴。最为常见的短视频电商变现是"短视频带货"，指在短视频中添加商品链接，方便用户下单购买。用户在观看短视频时，被其中介绍的商品所吸引，从而完成购买。

> **温馨提示**
>
> 电商变现中的商品包括但不限于实物商品、虚拟商品、APP 下载、咨询服务。

3 知识付费

严格意义上讲，知识付费模式也属于带货变现模式中的一种。我们常说的带货主要是指销售实物商品，而知识付费则主要是售卖各类知识，从本质上讲是把知识变成产品或服务，以实现商业价值。其变现方式也与直接销售商品有所差异。

知识付费起源于2016年，在信息"爆炸"的移动互联网时代，各种无效信息充斥着网络。用户筛选有用信息的成本越来越高，这也为知识付费提供了市场基础。截至2022年，我国知识付费行业的市场规模已接近千亿元。

例如，抖音中关于三农的账号"××耕田"，博主利用抖音短视频记录自己在农业领域创业的心路历程，如图1-17所示。其中主要记录创业过程中有趣的事件和讲解"鱼菜共生"的农业生产技术。通过持续地输出优质内容，积累了超过100万粉丝，吸引了众多对三农创业感兴趣的人群。此时博主推出5万元一期的"鱼菜共生"生产技术培训课程，受到众多粉丝的青睐，平均单期课程收入高达百万元，同时针对经济能力有限的粉丝，又推出了99元的关于鱼菜共生运营指南的电子书，如图1-18所示。

图1-17　某三农账号短视频

图1-18　电子书变现

第1章 电商新风口：直播电商

4 平台内有偿任务

平台内的有偿任务严格意义上仍应属于广告变现类型。为了规范短视频广告植入行为和保护广告主与创作者的利益，各大短视频平台均上线了广告供需平台。广告主在平台上发布广告需求和对应的佣金，创作者可以选择适合自己的广告活动进行参与。抖音目前开设有"全民任务"和"巨量星图"，供创作者接单，其中的"全民任务"如图1-19所示。快手开设了"任务中心"，用于撮合广告主和创作者，如图1-20所示。

图1-19 抖音的"全民任务"

图1-20 快手的"任务中心"

课堂问答

通过本章的学习，读者对什么是直播电商有了一定的了解，下面列出一些常见的问题供学习参考。

问题1：直播电商与电商直播的区别是什么？

答：直播电商是一种电商运营模式，而电商直播只是直播电商中的一种类型，也就是我们常说的店铺直播。两者是一种包含关系，通常直播电商分为达人带货和店铺直播两类。

问题2：最容易制作的短视频类型是哪种？

答：口播知识类短视频是目前相对容易制作的一类短视频，其对场景、设备、拍摄剪辑的要求很低。主播只要能对自己精通的知识点进行精准阐述，就可以进行口播知识类短视频制作。但这类短视频对创作者的语言表达能力、文案写作能力和镜头感要求较高。知识口播形式常用于行业知识分享短视频、专业技能讲解短视频的创作。

问题3：直播电商与传统电商的区别是什么？

答：传统电商属于"搜索电商"，即用户通过在电商网站上搜索自己想买商品的关键词，找到心仪的商品再下单购买。而直播电商，我们将其称之为"兴趣电商"或"内容电商"，主要指用户在观看直播时激发出对商品的兴趣，从而产生购买行为。相较于传统电商，直播电商具有购物体验更加直观、营销手段更加多样、交易环节更加快速、售后服务更加便捷等优势。

 知识能力测试

本章讲解了短视频与直播电商的发展，为了对知识进行巩固和考核，请读者完成以下练习题。

一、填空题

1. 直播电商最早由_____推出，它是_____和_____相融合的一种线上营销模式。

2. 传统电商属于_____电商，而直播电商我们称之为_____电商或者_____电商。

3. 短视频具备_____的特点，短视频变现通常分为两大类，分别是_____和_____。

4. 短视频和直播的关系主要为_____关系和_____关系。

二、选择题

1. 下列哪一个软件不属于直播平台？（　　）

   A. 抖音　　　　　　　　　B. 支付宝

   C. 小红书　　　　　　　　D. 快手

2. 下列哪一个不属于短视频的特点？（　　）

   A. 时长10分钟以上　　　　B. 传播速度快

   C. 社交属性强　　　　　　D. 制作门槛低

3. 短视频的变现方式众多，但（　　）不属于短视频变现方式。

   A. 贴片广告　　　　　　　B. 知识付费

   C. 直播打赏　　　　　　　D. 平台有偿任务

4. 早期的抖音平台要求普通创作者上传视频时长不得超过（　　）。

   A. 3分钟　　　　　　　　 B. 1分钟

   C. 5分钟　　　　　　　　 D. 10分钟

第 2 章
直播电商的准备工作

　　直播电商经历多年的发展,已经形成一套完善和系统的工作流程,包含直播前、直播中、直播后各个环节。其中,直播前的准备工作至关重要,决定了直播的成败,一个完善的前期准备能让直播效果事半功倍。本章将指导读者全面认识直播电商的前期准备工作。

学习目标

- ◆ 掌握注册账号和完善账号信息的方法
- ◆ 熟悉直播电商相关法规
- ◆ 熟悉直播电商岗位的职责与能力要求
- ◆ 掌握直播涉及的相关设备的使用方法
- ◆ 掌握直播间拍摄的基本方法与技巧

第 2 章 直播电商的准备工作

 2.1 直播电商平台账号搭建

目前开展直播电商的平台很多，但无论在哪个平台从事直播电商工作，第一步都需要注册该平台的账号并完善相关信息。下面以抖音平台为例，带领读者了解账号注册的全过程。

2.1.1 ▶ 账号注册

下载并安装抖音 App，打开抖音 App 后进入抖音首页，点击屏幕底部的"我"，如图 2-1 所示。进入抖音登录注册界面，直接输入手机号码，点击"验证并登录"按钮，如图 2-2 所示。输入手机短信收到的验证码，点击"登录"按钮，如图 2-3 所示，即可完成注册并登录。

> **温馨提示**
>
> 注册抖音账号必须提供实名认证的手机号码，且一个手机号码只能注册一个抖音账号。目前抖音账号分为个人账号和企业账号两种类型，其中注册企业账号不仅需要手机号码，还需提供企业营业执照和相关资质。

图2-1　抖音首页

图2-2　抖音登录注册页面

图2-3　输入验证码

2.1.2 完善账号信息

账号信息主要用于展示主播基本情况,通过账号信息告诉目标用户:我是谁,我有什么特点,我在哪儿,我是干什么的,我能带来什么价值。通常账号信息主要包括名字、头像、性别、年龄、地址、学校、背景图、简介等,其中名字、头像和简介是整个账号信息中最核心的部分。

账号信息就像是人的名片,而优秀的账号信息可以在极短的时间内让用户认识和记住你,由此可见设置账号信息的重要性。当然设置账号信息也有一定技巧,不同的信息栏会给用户传达不同的信息,如图2-4所示。

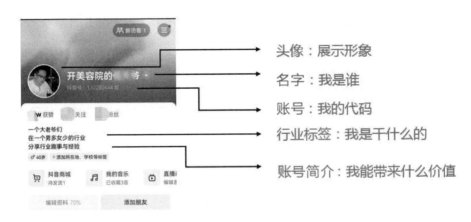

图2-4　设置账号信息

作为直播电商运营者,完善账号信息的好处如下。

1 提高账号可信度

完善账号信息可以让用户更容易信任你的账号,这样他们才更愿意关注你的账号、观看你的视频。

2 增加账号曝光率

直播平台的算法会根据用户的搜索行为和账号信息来推荐相关视频给目标用户。你的账号信息越完整,算法就越容易将你的视频推荐给目标用户,从而提高你的账号曝光率。

3 便于粉丝互动

完善账号信息可以增加粉丝对你的了解,便于粉丝与你互动。例如,粉丝可以通过私信、预留电话或微信号等方式联系你，从而增加粉丝的黏性和互动频率。

4 提升个人品牌形象

完善账号信息可以让直播账号更具有专业性和可信度，从而提升你的个人品牌形象。特别是对于个人品牌或企业来说，完善账号信息更能凸显品牌形象和企业形象。

> **大师点拨**
>
> 设置账号信息如同打扮自己一样，需要展示自身的特点与优势，其中最重要的是告诉用户你能给他带来什么价值。这部分内容又主要通过简介来呈现，一个优秀的简介可以有效提升内容播放量、粉丝数、消费转化率。例如，某个账号的简介如下：全国十大品牌之一渔具厂家老板，直播时间每晚8:00—12:00，拒绝中间商赚差价，为你带来价廉质优的渔具商品。
>
> 这段简介只有几十个字，却清晰地告诉了用户：我能带来什么价值，为什么我可以提供这种价值，获得这种价值的途径。

2.1.3 如何申请企业账号

抖音账号分为个人账号和企业账号两种，相比个人账号，企业账号拥有多项优势。

1 获得官方认证

企业账号开通后，会获得蓝V标识。蓝V标识可以在很多地方显示，如个人主页、推荐好友、关注列表等地方。

2 昵称保护、搜索置顶

抖音的企业账号不允许重名，采取先到先得的原则。用户在搜索栏对某一账号名称进行搜索时，会优先显示该账号，其他相似账号会显示在后面。

3 多人直播

个人账户通常只允许注册账号的本人进行直播，而企业账号却没有相关限制，在开播时可以更换不同的主播。

4 添加链接与联系方式

抖音的企业账号可以在个人主页添加官网链接和联系电话，能增加引导变现的概率，而个人账号在原则上禁止添加非抖音体系的联系方式。

5 数据分析

在做直播电商时，企业账号拥有专业的数据分析功能，能够帮助账号运营人员精准地了解账号的运营情况。

> **大师点拨**
>
> 开通抖音企业账号并添加蓝V标识，需要缴纳600元一年的申请费用。针对直播电商，个人账号会有很多商品禁售限制，而企业账号则拥有相对宽泛的商品选择范围。此举是为了确保抖音电商销售的商品来源属于合法渠道，同时企业账号也代表着售后服务更有保障。

在抖音中开通企业账号的具体步骤如下。

步骤 1 在手机端打开抖音App，点击"创作者中心"选项，如图2-5所示。

步骤 2 进入"创作者中心"页面后，点击"全部"选项，如图2-6所示。

图2-5 "创作者中心"入口

图2-6 "创作者中心"首页

步骤 3 进入"我的服务"页面，点击"企业号"选项，如图2-7所示。

步骤❹ 进入开通企业号的页面,按照页面提示,分别完成"上传营业执照"、"企业身份验证"和"免费资质审核"3个步骤,如图2-8所示。

步骤❺ 完成免费资质审核后,按照系统提示缴纳开通企业号的费用,即可完成企业号开通并获得抖音蓝V认证。

图2-7 "我的服务"页面　　　　图2-8 "开通企业号"页面

优秀直播电商账号赏析

优秀的直播电商账号都有着共同的特点,不仅能清晰地呈现自身优势,还能巧妙地引导用户关注平台,并将平台粉丝转化为私域流量。

下面图2-9和图2-11属于店铺直播,图2-10属于达人带货,其账号头像均使用品牌Logo,有效地增加了信任背书。

图2-9为vivo手机天猫官方旗舰店的账号,该账号把品牌价值作为简介,以此增加用户的认同度和归属感,也是向用户传递商品品质信息。同时,账号以"vivo手机天猫官方"作为账号名称,以此告诉用户账号

是官方自营,没有代理商和中间商赚差价,提升用户的信任度。

图2-10为东方甄选的直播电商账号,该账号用极其简短的文字说明了其为新东方旗下的平台,主要从事农产品带货和具体带货时间。账号的背景图选择"新东方"创始人俞敏洪的卡通头像来增加用户的信任度,同时也能起到吸引潜在粉丝的作用。而背景图中的文字"鲜美生活 琳琅满目"则表达了直播所涉及的商品质量与品类的优势。

图2-11为鸿星尔克的直播电商账号,该账号除了运用官方旗舰店命名增加用户信任度以外,还在账号简介中告诉了用户会"实力宠粉",给用户带来高品质商品和价格优惠及具体的直播时间,以此来吸引粉丝持续关注。

由此我们可以看出,优秀的直播电商在账号设置中均展示了信任背书,告诉用户"我是干什么的、我能带来什么价值"。

图2-9 vivo手机天猫官方

图2-10 东方甄选

图2-11 鸿星尔克

2.2 直播电商注意事项

为加强直播电商数字技术应用标准体系的建设,促进直播电商、社交电商等规范发展，2021年8月，商务部发布《商务部关于加强"十四五"时期商务领域标准化建设的指导意见》，政策的不断出台，将对直播电商经营发展产生积极有利的影响。

除此之外，传统电商的相关政策法规对直播电商同样适用，其中包括禁售商品目录、违禁违规用词、违规行为等。

由于缺少对直播规章制度的了解，部分主播经常受到直播平台的警告或者限制开播等处罚，这主要是因为主播在直播时使用了违禁词汇或者出现违禁行为。所以，从事直播电商的读者朋友应该熟悉直播电商的各项规章制度。

2.2.1 直播电商名词解释

熟悉直播电商行业相关名词，可以更加快速地认识行业，这也是直播电商从业人员必须完成的前期准备工作。

- KOL（Key Opinion Leader）：中文为"关键意见领袖"，该词源于两级传播理论，常用于营销领域，通常被定义为：拥有更多、更准确的产品信息，且为相关群体所接受或信任，并对该群体的购买行为有较大影响力的人。与意见领袖不同的是，关键意见领袖通常是某行业或领域内的权威人士，在信息传播中，他们不依赖其自身活跃度，也容易被承认和识别。

- MCN（Multi-Channel Network）：一种专门为网络内容创作者提供服务的机构。MCN机构的主要任务是为网红和视频创作者提供支持，帮助他们管理和发展他们的社交媒体账号和视频频道。MCN机构可以提供一系列服务，包括为创作者提供视频制作、推广、品牌合作等方面的支持。此外，MCN机构还可以帮助创作者分析他们的视频数据，提供营销和商业化的建议；与广告主、品牌和其他合作伙伴合作，为创作者提供更多的商业机会，如品牌广告和赞助。通过加入MCN机构，创作者可以获得更多的资源和支持，提高他们的曝光率和收入水平。在直播电商领域可以理解为，MCN机构是主播、品牌方、媒体平台三方的中介机构。三方分别代表内容输出、商业变现、媒体传播，而MCN就是将三方撮合到一起，更好地为营销推广服务。

- UV（Unique Vistor）：中文翻译为"独立访客数"，指访问某个站点或点击某个网页的不同 IP 地址的人数。在同一天内，UV 只记录第一次进入网站的具有独立 IP 的访问者，该 IP 的访问者在同一天内再次访问该网站则不被计数。直播间的 UV 值指在规定时间段内进入直播间的用户数量，不包括再次进入的用户数量。

- SKU（Stock Keeping Unit）：中文翻译为"库存量单位"，在电商中是指一种商品的特定属性组合，通常由一组数字或字母组成，以区别不同的商品属性组合，便于管理和销售。通常，一个商品会有多个 SKU，以表示不同的属性，如尺寸、颜色、材料等。例如，一款 T 恤可以有多个 SKU，每个 SKU 代表不同的尺码、颜色等属性组合。电商平台使用 SKU 来管理商品库存、订单、物流等流程，以确保顺畅的销售和交付过程。同时，SKU 也可以帮助电商商家更好地了解自己的销售状况，进行库存管理和销售策略调整。

- ROI（Return On Investment）：中文翻译为"投入产出比"，用来评估通过投资而获得的收益高低。ROI 值越高，即投入产出比越高。在电商广告投放场景中，ROI= 广告产生的总销售金额 ÷ 广告花费。例如：投入 10 元进行广告推广，获得了 50 元的销售额，ROI 为 5。

- GMV（Gross Merchandise Volume）：中文翻译为"商品交易总额"，指在规定时间段内的交易总额，常用于电商平台对交易规模的衡量。需要留意的是，各平台的计算规则会有差异，有时未付款、取消订单、退货等情况也被计入 GMV。

- GPM（Global Product Marketing）：中文翻译为"千人消费额"，是指规定时间段内，直播间每 1000 个观众下单的总金额。

- ACU（Average Concurrent Users）：是指在某个特定时间段内，直播间内同时在线观看直播的平均用户数。在直播行业中，ACU 是衡量直播平台活跃度的重要指标之一，也是评估直播内容受欢迎程度的重要参考。直播平台通常会通过实时数据监控系统来统计 ACU，以便及时了解直播活动的热度和观看人数等情况。不同的直播平台对于 ACU 的计算方式可能会有所不同，但通常会考虑观看直播的用户数、用户观看时间和直播间人数等因素。

- **PCU（Peak Concurrent Users）**：常指直播间最高在线人数。与 ACU 不同，PCU 不是平均值，而是指某个时间点上达到的最高在线用户数。PCU 是衡量在线直播规模和用户活跃度的重要指标之一。
- **DAU（Daily Active User）**：常指网站或电商在一个自然日内的活跃用户数量，是衡量用户活跃度和直播受欢迎程度的重要指标之一。通过监测 DAU，可以了解用户对直播的观看情况，包括用户使用时长、使用频率等方面的数据，从而帮助账号在进行用户增长、产品改进和运营优化等方面做出决策。
- **MAU（Monthly Active Users）**：常指网站或电商一个月内的活跃用户数量。
- **直播广场**：常指抖音直播的入口汇聚地。用户经常观看什么类型的直播，在直播广场中就会给用户推送相似类型的直播。
- **小黄车**：抖音直播间售卖商品的购物车，因其为黄色，所以被称为"小黄车"。

> **温馨提示**
>
> 在直播电商行业，ROI、GMV、GPM 是非常重要的三大指标。

2.2.2 ▶ 电商禁售商品规则

电子商务在我国经历了 20 多年的发展，已经形成一套完善的监管制度与政策。其中对电子商务禁售商品种类也进行了明文规定，通常各大平台禁售目录相似，部分如表 2-1 所示。详细目录可参考"附录 D：直播电商禁止发布商品与管理规则"。

表2-1 禁止发布商品及管理规则

商品目录	禁售细则	补充说明
（一）仿真枪、军警用品、危险武器类	1. 枪支、弹药、军火及仿制品； 2. 可致使他人暂时失去反抗能力，对他人身体造成重大伤害的管制器具； 3. 枪支、弹药、军火的相关器材、配件、附属产品，及仿制品的衍生工艺品等； 4. 安防、警用、军用制服、标志、设备及制品； 5. 管制类刀具、弓弩配件及飞镖等可能用于危害他人人身安全的管制器具	各类枪支、弹药及相关器材，包括但不限于枪械、枪械仿制品（如仿真枪）、子（炮）弹、消声器、火药、说明书、包装盒等。 安防设备，包括但不限于电击、强光、催泪等保安防卫器械。 警用设备及制品，包括但不限于警服、警徽、手铐、警灯、警笛、电击器等警用和军用器械。 符合国家管制刀具认定标准的刀具，包括但不限于匕首、三棱刀（包括机械加工用的三棱刮刀）、带有自锁装置的弹簧刀及类似的刀具。 弓弩、牙签弩、弹弓、钢珠、铅珠等
（二）色情、低俗、催情用品类	1. 含有色情淫秽内容的音像制品及视频、色情陪聊服务、成人网站论坛的账号/邀请码或其他淫秽物品； 2. 可致使他人暂时失去反抗能力、意识模糊的口服或外用的催情类商品等； 3. 用于传播色情信息的软件、种子文件、网盘资源及图片，含有情色、暴力、低俗内容的音像制品，含有未成年人色情内容的图片、视频等； 4. 含有情色、暴力、低俗内容的动漫、读物、游戏和图片等； 5. 网络低俗产物； 6. 两性用品及周边相关的化妆品、服装服饰、药品等	
……	……	

> **温馨提示**
>
> 随着我国相关政策法规的不断完善和更新，电商禁售目录也会随之产生变化。直播电商从业人员需定期学习最新的相关法规，了解新的禁售品类。
>
> 另外，专属行业的电商平台在禁售商品上与综合类电商平台有着较大差异。例如，医疗器械B2B平台允许销售的医疗器械商品种类就远远多于普通综合电商许可种类。

2.2.3 ▶ 直播电商中的违规词类

直播电商运营中会出现大量文案，各大平台在内容文案上也具有一定规范要求。如果在直播过程中出现违规词类，平台将会对直播间或商家进行处罚，轻则直播间限流、关停直播间、强制下架商品，重则强制关店或关闭账号。所以在直播电商运营过程中需要规范用词行文，尽可能规避以下违规词类。

（1）不文明语言。

在直播时禁止出现具有各种侮辱性的词汇。

（2）欺骗用户的词语。

在直播中涉及营销话术时，禁止出现恶意宣传和不切实际的宣传话术，如全民免单、点击有惊喜、免费领取、绝对获奖……

（3）色情、淫秽、暴力的词语。

在直播时禁止出现与色情、淫乱等相关的文字和画面，禁止出现杀戮、打、砸、抢、烧等宣扬武力的相关文字和画面。

（4）赌博、迷信的词语。

在直播时禁止使用诸如算命、预测未来、改命换运、逢凶化吉、时来运转等词汇。

（5）民族、种族、性别歧视用词。

在直播时禁止出现民族、种族、性别歧视行为，直播话术中不能含有棒子、蛮夷、男尊女卑、重男轻女等词汇。

(6)医疗用语。

在直播时,非医疗类用品认证账号禁止使用专业医疗用语来宣传普通商品的功效,具体如表2-2所示。

表2-2 普通商品禁用医疗用语类目

编号	普通商品禁用医疗用语类目
1	减肥、减脂、清热解毒、治疗、除菌、杀菌、灭菌、防菌、排毒
2	细胞再生、免疫力、疤痕、关节痛、冻疮、冻伤、药物、中草药
3	激素、抗生素、雌性激素、雄性激素、荷尔蒙
4	刀伤、烧伤、烫伤、皮肤感染、感冒、头痛、腹痛、便秘、哮喘、消化不良等疾病名称或症状
5	牛皮癣、脚气、丘疹、脓疱、体癣、头癣、脚癣、花斑癣
6	调整内分泌平衡、增强或提高免疫力、助眠、失眠、壮阳
7	防敏、舒敏、缓敏、脱敏、改善敏感肌肤、改善过敏现象、降低肌肤敏感度
8	消炎、促进新陈代谢、优化细胞结构、修复受损肌肤、治愈(治愈系除外)、抗炎、活血
9	镇定、镇静、理气、行气、生肌、补血、安神、养脑、益气、通脉
10	毛发再生、生黑发、止脱、生发止脱、脂溢性脱发、病变性脱发、毛囊激活
11	去风湿、降血压、降三高、胃肠蠕动、利尿、延缓更年期、补肾
12	除湿、治疗腋臭、治疗体臭、治疗阴臭
13	美容治疗、消除斑点、无斑、治疗斑秃、逐层减褪多种色斑、妊娠纹
14	防癌、抗癌

2.2.4 直播电商中的禁忌词类

直播电商中的禁忌词类有别于违规词类,运用违规词类一般会受到平台的相应处罚,但运用了禁忌词类就有可能违反相关法律,甚至受到平台和消费者的司法起诉。

禁忌词类主要体现在《中华人民共和国广告法》中对商业营销广告的明确用词规范要求,主要内容如表2-3所示。

表 2-3　易触犯广告法的词汇列表

类目	细则
带"最"的宣传词	最佳、最具、最爱、最优、最优秀、最好、最大、最高、最高级、最高端、最奢侈、最低、最低级、最低价、最便宜、最流行、最受欢迎、最时尚、最符合、最舒适、最先、最先进、最科学
与"一"相关	中国第一、全网第一、销量第一、排名第一、唯一、NO.1、TOP1、独一无二、全国第一、一流、仅一天/次、最后一次、第一品牌
与"品牌"相关	名牌、王牌、大牌、冠军、金牌、奢侈、遥遥领先、领导者、缔造者、领袖、著名、资深、王者
与"首、家、国"相关	首个、首选、独家、首发、首家、首次、全国销量冠军、国家级、国家免检、中国驰名、国家领导人
与"级、极"相关	国家级、顶级、顶尖、全球级、世界级、高级、绝对、极佳、绝佳、终极、尖端

> **温馨提示**
>
> 在直播电商运营中，除了以上违规、违禁用词，还要尽可能规避在 A 平台直播时提及 B 平台的名称。例如，在抖音直播时不要使用淘宝、京东、快手、小红书、拼多多等其他平台名称。

2.2.5 ▶ 直播电商中的违法违规行为

在直播电商运营过程中，严禁各类违法和违反社会公序良俗的直播行为出现，这些行为主要包括以下类型，如表 2-4 所示。

表 2-4　直播电商违法违规行为

类型	细则
违法涉政	包括但不限于直播中发表反党反政府的言论或做出侮辱诋毁党和国家的行为
违规广告	包括但不限于出售假冒伪劣和违禁商品
色情低俗	包括但不限于一切色情、大尺度、带有性暗示的内容

续表

类型	细则
衣着不当	包括但不限于衣着暴露、裸露上身、大面积裸露纹身等行为
辱骂挑衅	包括但不限于各种破坏社区氛围的言行
封建迷信	包括但不限于宣传封建迷信思想
侵权行为	包括但不限于直播没有转播权的现场活动
其他行为	包括但不限于直播打架斗殴、交通事故等现场

2.3 直播电商团队建设

一个完整的直播电商团队通常为4～8人，负责直播前、中、后各个阶段所需完成的工作内容。通常优秀的直播是一人在台前，多人在台后。台后工作人员完成的工作，直播间观众往往是看不到的，但对直播效果却起着至关重要的作用。

2.3.1 直播电商人员配置

直播电商围绕"人、货、场"开展工作，工作人员对其各个环节进行负责。

针对"人"环节，主要工作人员为主播、副播、直播助手。针对"货"环节，主要工作人员是招商选品人员。针对"场"环节，主要工作人员为电商运营、直播运营、数据运营方面的人员。

电商运营通常包括店铺运营、客户服务等岗位。

直播运营通常包括内容策划、场控、直播中台控制、流量投手等岗位。

数据运营通常包括数据分析、方案制定、引流推广等岗位。

2.3.2 直播电商各岗位职责与要求

直播电商中的各岗位虽然工作职责不尽相同，但都是围绕实现更完美的直播效果和优秀的消费转化而开展。直播电商中各岗位的具体职责如表2-5所示。

表 2-5　直播电商岗位职责

编号	岗位名称	岗位职责
1	主播	负责直播内容播出、商品介绍、粉丝互动； 根据直播脚本和商品特点优化直播话术； 引导用户完成商品下单购买
2	副播	协助主播完成商品展示或效果演示； 配合主播完成下单购买流程演示； 引导粉丝互动，烘托直播间氛围； 突发情况下临时顶替主播完成直播
3	招商选品	研究消费者偏好，了解流行的消费动态； 拓展商品品类、筛选商品、测试商品、审核质量、分析商品卖点； 负责与品牌方进行商务谈判，控制商品进货成本； 就商品售后出现的各种情况，负责与品牌方沟通解决售后问题
4	电商运营	负责店铺商品上下架、完善商品详情页、创建商品标题； 负责创建商品链接、修改商品库存数量； 负责创建商品优惠活动； 负责解决商品售前、售后的各类咨询工作
5	直播运营	负责直播脚本的设计与优化； 负责直播活动策划； 负责主播话术的优化； 负责协调主播和副播的直播关系，进行直播场景的设计与优化； 负责直播进度的推进
6	数据运营	负责直播推广方案的制定； 负责直播间引流推广与付费投放； 负责直播后数据分析与复盘； 编写直播数据分析报告，为优化直播内容和改善直播效果提供数据支撑

另外，读者在直播行业中经常会听到"场控"和"中控"两个工作岗位，严格意义上这两项工作内容都属于"直播运营"，但在直播中这是两个不同的概念。

场控是指负责安排现场直播流程的人员，主要工作如下。

（1）现场布置：负责直播现场的摆设，道具、灯光、音响等的布置。一般的直播拍摄工作也是由场控工作人员完成的。

（2）直播流程：制定现场直播的具体流程，包括主持人、嘉宾、表演等环节的安排。

(3)现场协调:负责协调现场工作人员、嘉宾、演员等各方面的合作。

中控是指负责直播控制中心相关工作的人员,主要工作如下。

(1)设备维护:对直播控制中心相关工作的设备、服务器等进行维护、管理和运行。

(2)信号控制:负责直播信号与网络的控制、调度、转换和处理。

(3)数据分析:负责对直播数据进行监控和分析,提供实时数据报告和分析。

在直播中,场控和中控是两个不同的职能岗位,前者负责现场直播流程和安排,后者负责直播控制中心的设备、信号和数据的管理与运行。两者需要密切协作,确保直播的顺利进行。

> **温馨提示**
>
> 数据运营通过数据分析来指导决策,实现业务增长。相较于其他运营工作,数据运营会更侧重业务决策、互联网运营等方面。数据运营会根据不同维度对流量进行等级划分,得出的结果也是精准运营决策的依据。

2.4 常用的直播设备

专业的直播软硬件设备是实现优质的直播效果和直播氛围的基础保障。根据不同的直播需求,可将直播场景分为室内和户外,同时还可细分为小场景和大场景。直播设备按功能可分为画面采集类、声音采集类、灯光设备、辅助软硬件类。

2.4.1 ▶ 画面采集设备

直播画面的呈现直接关系到直播效果的好坏。试想,在直播中需要去展示一件商品做工细节的时候,当把镜头推近至产品,却发现画面模糊,不能有效地聚焦到产品，这样的直播效果肯定不佳，所以如何选择直播画面采集设备至关重要。

常用的画面采集设备主要是高清网络摄像头、单反相机和智能手机。其中高清网络摄像头如图2-12所示，单反相机如图2-13所示，智能手机如图2-14所示。

图2-12　高清网络摄像头

图2-13　单反相机

图2-14　智能手机

1 智能手机

智能手机是最常见的直播设备，其优缺点明显。

（1）智能手机直播的主要优点如下。

- 便携性强：智能手机是可随身携带的移动设备，随时随地都可以进行直播，不需要额外的摄像设备和麦克风等，使用起来非常方便。
- 成本低：与传统的直播设备相比，智能手机的成本相对较低，没有额外的投入，通过手机即可实现直播。

- 直播效果更真实：通过智能手机进行直播，可以让观众感受到更真实、更直接的交流，直播效果更为生动，观众也更容易理解和接受。
- 实时互动性强：智能手机可以通过社交媒体应用进行直播，例如，通过微信、抖音等平台进行直播，观众可以在评论区与主播进行实时互动，这种互动性能够提升观众的参与度。

（2）智能手机直播的主要缺点如下。

- 画质和音质相对较差：虽然现在智能手机的拍摄和录制能力不断提高，但相对于专业的摄像机、麦克风等直播设备，画质和音质还是有一定的差距。
- 耗电量较大：使用智能手机进行直播时，需要一直打开相机和麦克风等设备，这会大大消耗手机的电量，导致手机续航时间变短。所以在长时间使用手机进行直播时，通常要让手机处于充电状态。

2 单反相机

单反相机是专业直播间中主流的画面采集设备，但需要连接电脑和网络才能进行直播。

（1）单反相机直播的主要优点如下。

- 高画质：相比于手机或平板电脑，单反相机的传感器更大，它可以拍摄更高质量的图像。
- 可调焦距：单反相机通常具有可调焦距的镜头，可以拍摄更广角或更长焦的场景，更好地展现直播主题。
- 大光圈：单反相机的镜头一般具有较大的光圈，可以在低光环境下获得更好的拍摄效果，增强直播的可视性。
- 多种拍摄模式：单反相机通常具有多种拍摄模式，如手动模式、光圈优先模式、快门优先模式等，可以根据不同直播主题选择最适合的模式。

（2）单反相机直播的主要缺点如下。

- 成本高：单反相机价格较高。与智能手机或平板电脑相比，单反相机的成本较高。
- 操作复杂：相比于操作较简单的手机或平板电脑，单反相机的操作相对复杂，需要具有一定的摄影、摄像知识和技巧。
- 体积大：单反相机较为笨重，需要使用三脚架或其他支架固定，使用起来相对不方便。

综上所述，单反相机直播具有高画质和多种拍摄模式等优点，但成本高、操作复杂、体积大等缺点也需要考虑。

❸ 高清网络摄像头

高清网络摄像头是介于智能手机和单反相机之间的设备，需连接电脑和网络才能进行直播，操作也相对复杂。

（1）高清网络摄像头直播的主要优点如下。

- 高清画质：高清网络摄像头可以提供清晰的画面，更加符合观众对高质量视频的期望，能够提升用户观看体验。高清网络摄像头在可调焦距方面虽然比不上单反相机和专业摄像机，但相比于手机仍然具有较大的优势，所以也能较好地展现直播场景。
- 高帧率：高清网络摄像头通常能够提供更高的帧率，让直播画面更加流畅，减少卡顿和延迟的情况。
- 更加专业：高清网络摄像头通常由专业厂家生产，具有更好的品质和稳定性，适合在需要更高品质画面的直播场合使用。

（2）高清网络摄像头直播的主要缺点如下。

- 价格较高：高清网络摄像头价格较高，对于个人直播者或小型团队来说可能成本过高。
- 需要较好的网络环境：高清网络摄像头需要更快的网络传输速度，如果网络不好可能会导致直播画面的质量下降或卡顿。
- 需要更好的配套硬件：高清网络摄像头需要更好的处理器、显卡等硬件支持，如果电脑硬件不佳，可能会导致直播画面质量下降或卡顿。
- 需要更高的技术水平：使用高清网络摄像头需熟练掌握摄像头的调整、光线控制等技能，否则可能会导致视频画面质量不佳。

2.4.2 ▶ 声音采集设备

声音采集设备主要是麦克风和音质优化设备，选择优质的声音采集设备能使直播中的声音更加清晰，视频音效更好。

❶ 电容麦克风

电容麦克风是专业的收音设备，如图2-15所示。电容麦克风是利用导体间的电容充放电原理，使音效饱满、圆润。由于其所具有的物理特性，其应用场景多为专业录影棚和小型佩戴式录音。在拍摄"口播知识类"短视频时经常使用到电容麦克风，特别适合预算有限的小团队进行户外录制。

❷ 动圈麦克风

动圈麦克风能够高度还原真实声音，使输出的声音清晰洪亮。动圈麦克风一般体型较大，是目前主流直播间常使用的一种收音设备，如图2-16所示。

图2-15　电容麦克风　　　　　图2-16　动圈麦克风

❸ 声卡

声卡在直播时主要用于提高音质。一台声卡可连接多个设备，包括直播手机、伴奏手机、耳机和电容麦克风，如图2-17所示。

图2-17　声卡

> **温馨提示**
>
> 在直播中尽量不要使用智能手机自带的麦克风。因为智能手机自带麦克风的采音效果与独立麦克风相比有一定差距,而且智能手机自带的麦克风往往离主播较远,使得采音的音量较小、杂音较大。在进行户外直播时,周围的噪声较大,录音效果差,可以选择无线佩戴式收音器(如图2-18所示)和枪式麦克风(如图2-19所示),以提升收音质量。
>
> 　　
>
> 　图2-18　无线佩戴式收音器　　　　图2-19　枪式麦克风

2.4.3 ▶ 灯光设备

灯光设备主要用于调节直播环境中的光线效果,为用户提供更加精细的直播画面。直播时常用的灯光设备主要包括:环形补光灯,如图2-20所示;手持补光灯,如图2-21所示;多角补光灯,如图2-22所示。

图2-20　环形补光灯　　　图2-21　手持补光灯　　　图2-22　多角补光灯

环形补光灯的灯珠排列在圆环上，可以在拍摄时给被拍摄者提供均匀、柔和的光线，避免了因直射灯光而产生的阴影、眩光等问题。它的圆形设计使拍摄者可以将相机放在圆环中央，让被拍摄者的眼睛正对着摄像头镜头，有利于拍摄出更加自然、生动的画面。环形补光灯的灯珠通常具有色温可调的功能，在进行直播拍摄时，可以根据拍摄需求进行调节，以达到更加准确、自然的色彩效果。同时，环形补光灯体积小、重量轻，易于携带和安装，使其成为摄影、视频拍摄等领域中一种非常实用的照明设备。

手持补光灯通常体积小、重量轻，易于携带，方便使用者在不同的拍摄场景中进行移动和操作。手持补光灯可以随时调整位置和角度，根据不同的拍摄需求进行照射角度和照射强度的调节，从而使拍摄出的画面更加具有多样性和创意性。手持补光灯的使用需要一定的技巧，例如，在使用时需要注意照射角度和亮度，避免产生大量阴影或眩光等。

多角补光灯可以同时对被拍摄者进行大范围的照明，从而避免了因单一角度照明而产生的阴影、眩光等问题。多角补光灯通常可调节照射角度，以适应不同拍摄场景的照明需求。例如，在拍摄特定角度的物体时，可以调整灯珠的照射角度，从而达到最佳的照明效果。多角补光灯通常具有多种不同的照明模式、亮度调节和色温调节等功能，可以满足不同场景的照明需求。

2.4.4 ▶ 辅助软件

直播辅助软件是一种用于电脑直播的桌面录制软件，主要帮助主播在直播时编辑制作节目，将应用窗口、摄像头、背景音乐、背景画面等直播源加入直播场景。直播中如需播放PPT课件或其他视频内容，可以使用OBS Studio视频直播软件。用户在电脑桌面双击OBS Studio图标，如图2-23所示，即可打开OBS Studio操作界面，如图2-24所示。

目前各直播平台陆续推出了专用直播辅助软件，如抖音专用直播伴侣，用户在电脑

图2-23　电脑桌面OBS Studio图标

桌面双击直播伴侣图标（如图 2-25 所示），即可进入抖音直播伴侣操作界面，如图 2-26 所示。当前流行的虚拟直播间也是通过直播辅助软件来实现的。

图2-24　OBS Studio操作界面

图2-25　电脑桌面直播伴侣图标

图2-26 直播伴侣操作界面

> **温馨提示**
>
> 直播辅助软件又称为直播伴侣，目前各大平台都用自己专属的直播伴侣。同时还有第三方的直播辅助软件，也可以用于各大直播平台。OBS Studio 直播软件属于第三方直播辅助软件，抖音直播伴侣属于平台专属直播辅助软件。

2.4.5 ▶ 辅助硬件

直播辅助硬件是指使直播画面更加稳定、清晰、流畅的硬件设备，常见的直播辅助硬件主要为手机和相机的支架、云台等。

支架主要用于放置手机、相机或话筒，它既能解放主播双手，也能更好地提升画面和声音的稳定性，如图 2-27 所示。

云台又称手持稳定器，可以使拍摄设备上下移动，也可使拍摄设备左右移动，还可使其翻转。云台主要用于在移动拍摄时防止画面抖动，保持画面稳定和缓入，提高画面拍摄质量，如图 2-28 所示。

第 2 章 直播电商的准备工作

图2-27　支架

图2-28　云台

 2.5　直播间拍摄技巧

在网络直播中，应根据实际需要选择不同的拍摄角度。常用的拍摄角度分为拍摄高度和拍摄方位。

2.5.1　拍摄高度

直播中常用的拍摄高度主要有平拍、俯拍、仰拍，如图 2-29 所示。在拍摄时，需根据直播需求选择不同的拍摄高度。如果画面想呈现主播的上半身，一般使用平拍；如果想呈现商品的细节，则一般使用俯拍；仰拍主要用于展现主播全身或体积较大的商品全貌。

（1）俯拍是指从高于被拍摄对象的位置向下拍摄。俯拍可以突出拍摄对象的高度和威严感，适合拍摄建筑、雕塑、高大的树木

图2-29　拍摄高度示意

等较高的物体，或者拍摄运动员跳水等需要展现空中动作的场景。在直播电商

中，俯拍可以给观众带来强烈的视觉冲击感和震撼感，主要用于拍摄商品从上至下的整体感。

（2）平拍是从与被拍摄对象在同一水平线上的角度进行拍摄。平拍可以让观众获得真实、自然的视觉感受，适合拍摄日常生活、演出等场合。在直播电商中，平拍是最常用的拍摄角度，能够给观众带来舒适、自然的视觉体验。

（3）仰拍是从低于被拍摄对象的位置向上拍摄。仰拍可以让被拍摄对象显得更加高大、威严，适合拍摄一些有气势、大气的事物。在直播电商中仰拍的使用相对较少。

2.5.2 拍摄方位

以被摄主体为中心，将镜头环绕被摄主体四周，通常分为正面、正侧、斜侧、背面等角度，如图2-30所示。在直播过程中，为了让消费者更好地了解商品，提高商品的销售量，通常会采用正面和侧面的拍摄方位来展示商品。其他拍摄角度主要用于展现直播场景，运用频次较少。不过，正面和侧面的应用场景也有一定差别。

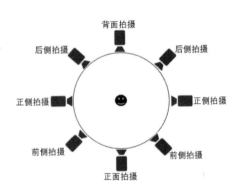

图2-30　拍摄方位示意

正面拍摄是指以商品正面为主要拍摄方位进行拍摄，能够清晰地展示商品的外观、特征等信息，通常用于展示服装、箱包、化妆品等商品。

侧面拍摄是指以商品侧面为主要拍摄方位进行拍摄，能够清晰地展示商品的宽度、长度、厚度等信息，通常用于展示手表、手机、电脑等有立体感的商品。

> **温馨提示**
>
> 正面平拍是直播电商中最主流的拍摄方式。在直播初期尽量避免尝试其他拍摄角度与方位，应把主要精力放在提高画面清晰度与流畅度上。

课堂问答

通过本章的学习,读者对直播电商准备工作有了一定的了解,下面列出一些常见的问题供学习参考。

问题 1:完整的账号信息包括哪些内容?

答:账号信息用于传达账号的主体的行业领域、价值方向等内容,完整的账号信息主要包括名字、性别、年龄、地址、头像、背景图、简介。其中名字、头像、简介尤为重要。

问题 2:直播间设备由哪几类组成?

答:直播间设备通常有以下类型。
(1)视频采集设备,如智能手机、单反相机、高清网络摄像头。
(2)声音采集设备,如麦克风、声卡。
(3)灯光设备,如圆形补光灯、手持补光灯、多角补光灯。
(4)辅助软硬件,如OBS Studio视频直播软件、手机支架、云台等。

课后实训

为对本章内容进行深入理解和巩固,这里给出课后实训任务。读者可以结合任务分析及任务步骤进行思路分析和实际操作,以巩固本章所讲解的知识点并应用于实际操作中。

任务1:注册抖音账号并完成账号信息设置

【任务分析】:完成账号名字、头像、简介的设置,其中简介一定要简短明了。达人带货账号头像应使用主播的半身近照,店铺直播账号头像应使用品牌Logo或产品实物照片。一个手机号码只能注册一个抖音账号。

【任务目标】:通过实操熟悉抖音账号信息设置的流程与步骤。

【**任务步骤**】：具体操作步骤如下。

步骤❶ 在手机端打开抖音 App，在"我"中双击背景图，选择"更换背景"，如图 2-31 所示。根据账号风格选择需要的背景图，完成背景图的设置。

图2-31　更换背景

步骤❷ 在"我"中选择"编辑资料"，按照提示逐步完善账号的各项信息，如图 2-32 和图 2-33 所示。

图2-32　"编辑资料"选项

图2-33　"编辑资料"界面

第 2 章 直播电商的准备工作

任务 2：运用抖音直播助手开启一场 PPT 讲解直播

【任务分析】：PPT 讲解直播需要先在手机端操作抖音 App，然后在 PC 端操作"抖音直播助手"。

【任务目标】：通过实操熟悉电脑直播的流程，掌握"抖音直播助手"的使用方法。

【任务步骤】：具体操作步骤如下。

步骤 1 在电脑上下载并安装"抖音直播助手"软件。

步骤 2 在手机端打开抖音 App，点击下方的"+"按钮，选择"开直播"选项，如图 2-34 所示。

步骤 3 在打开的页面中选择"电脑"选项，点击"粉丝数≥1000 可申请使用"按钮，如图 2-35 所示。

图2-34 抖音的"开直播"

图2-35 抖音申请电脑直播

步骤 4 在电脑端打开"抖音直播助手"软件，选择"抖音"直播平台。输入直播的抖音账号和密码，完成登录。

步骤 5 单击软件界面中的"添加直播画面"按钮，如图 2-36 所示。然后选择"窗口"选项,如图2-37所示,并在弹出的窗中选择需要直播PPT的窗口,如图2-38所示。

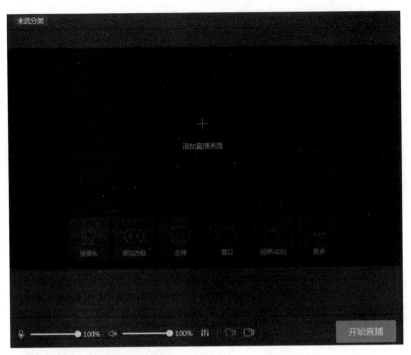

图2-36 "抖音直播助手"初始界面

图2-37 添加直播素材

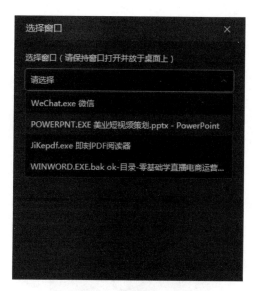

图2-38 选择窗口

步骤 6 单击"开始直播"按钮,如图2-39所示。在直播中也可以查看直播效果,如图2-40所示。

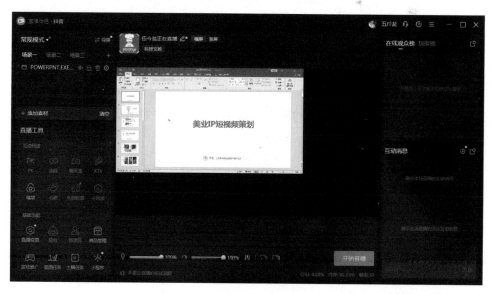

图2-39 直播开始界面

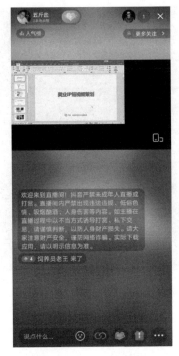

图2-40　电脑直播效果

知识能力测试

本章讲解了从事直播电商的前期准备工作和主要注意事项，为了对知识进行巩固和考核，请读者完成以下练习题。

一、填空题

1. 直播电商店铺中分别上架了一款面包、一款方便面、一款自热小火锅、一款螺蛳粉，共_____个SKU。

2. ROI又称为_____，例如，使用1元钱投入广告推广，获得7元销售额，则ROI值为_____。

3. 直播画面采集设备中，智能手机具有操作简单、携带方便的特点，而_____和_____操作相对复杂，必须连接电脑才能进行直播。

二、判断题

1. 抖音专用直播辅助软件是 OBS Studio 视频直播软件。（   ）

2. GMV 是直播电商中的重要运营指标，它的意思是直播间最高在线人数。（   ）

3. 手持稳定器又称为云台，主要用于在拍摄中防止画面抖动。（   ）

三、选择题

1. 我国电子商务有着明确的禁售目录，下列（   ）商品不属于禁售商品。

  A. 烘焙食品   B. 枪支弹药

  C. 烟花爆竹   D. 烟草

2. 下列哪个不是在直播电商行业非常重要的运营指标？（   ）

  A. GMV   B. ROI

  C. MCN   D. GPM

3. 小张可能在商品介绍文字中使用了（   ）词汇，导致该商品被平台强制下架了。

  A. 描述   B. 优美

  C. 流行   D. 暴力

4. 在直播拍摄中，（   ）角度主要用于展现直播场景，运用频次较少。

  A. 正面拍摄   B. 正侧拍摄

  C. 背面拍摄   D. 前侧拍摄

第 3 章 如何开通抖音小店

从事直播电商首先得有电子商务的店铺,就像做生意需要有一家公司或者门店一样。开通店铺功能是每个电商平台的基础,如淘宝店铺、天猫店铺、京东店铺、拼多多店铺。而抖音的专属店铺就是"抖音小店",开通抖音小店后,用户就可以在抖音平台售卖商品了。本章将带领读者学习开通抖音小店的方法和技巧。

学习目标

- 认识什么是抖音小店
- 认识抖音小店的基本功能
- 掌握开通抖音小店的方法和流程
- 掌握抖音小店和商品的付费推广方法与渠道

3.1 抖音小店介绍

在抖音上从事商品销售主要有两个途径，分别是小黄车和抖音小店。小黄车主要用于分享商品链接，是一种销售分佣的变现模式，即消费者通过小黄车购买商品，用户就可获得销售佣金。目前抖音达人带货的主要变现方式就是小黄车分享商品。抖音小店是一种自主销售商品获取商品差价的变现模式。可以简单理解为抖音小店是一个类似于淘宝的电商平台，而抖音中小黄车是一个将短视频直播内容与电商平台进行连接的工具，从而实现以内容引导消费的兴趣电商模式。

> **温馨提示**
>
> 抖音小黄车不仅可以分享抖音小店的商品链接，还可以跨平台分享淘宝、天猫、京东等第三方平台的商品链接。

3.1.1 什么是抖音小店

抖音小店又称"抖店"，是指在抖音平台上运营的电商店铺，这是由抖音推出的一项电商业务，旨在为广大用户提供一个可以买卖商品的平台。通过在抖音上开设小店，用户可以在抖音平台上展示自己的商品，并通过直播、短视频等形式吸引更多的粉丝和购买者，拓宽内容的变现渠道，提升流量价值。

用户可以在抖音、今日头条、西瓜视频等多个平台开通抖音小店。简单来讲，"抖店"是抖音的专属电商平台。抖音在前端通过短视频和直播内容链接用户，而"抖店"则通过完善的线上商品销售流量，来实现商品的交易，有效地将内容与商品交易打造成一个完整的营销闭环。抖音小店的开设对于个人商家和企业来说是一个很好的商机，可以通过抖音平台快速扩大自己的影响力和市场份额。同时，抖音小店也为消费者提供了一个新的购物方式，即通过抖音平台轻松购买到心仪的商品。

店主可以通过抖音平台上的直播、短视频等形式进行商品的宣传推广，吸引更多的粉丝和购买者。当有用户购买商品时，店主需要及时进行发货和售后服务，为用户提供优质的购物体验。

3.1.2 抖音小店的优势

抖音小店作为抖音专属的电商平台，享有抖音生态巨大的流量红利。其具有以下优势。

❶ 巨大流量

抖音是目前最受欢迎的短视频平台之一，拥有庞大的用户群体和海量的流量。截至 2022 年 6 月，抖音小店注册用户数超过 8 亿，单月 GMV 较 2021 年平均上涨 50 余倍。用户可以通过在抖音上开直播、发布短视频等形式，快速吸引粉丝、提高销售额。抖音小店贯通抖音、今日头条、西瓜视频、抖音火山版等多款 App，全平台月活跃用户数破 10 亿，如此巨大的用户群都将是抖音小店的潜在消费者。

❷ 精准高效

AI 大数据的智能推荐机制可以匹配电商兴趣人群和深度垂直用户，使电商内容高效转化。同时，全生态商品结构可以全面覆盖原产地品牌、国际品牌、原创品牌等。

❸ 便携提效

抖音小店是高效便捷的移动及 PC 产品工具，可以帮助达人深度建设供应链，全面提升成交转化率。抖音小店的操作简便，店铺的开设和管理流程都很简单，不需要太多的技术和设计能力，即可快速上手运营。

❹ 内容多元化

抖音本质上是一个内容平台，拥有图文、短视频、直播等多种内容载体。抖店借助抖音的内容生产机制，可以更加多元地触达用户，让商品轻松呈现在不同内容喜好的用户眼前。抖音内容所涉及的行业和用户更是多种多样，不胜枚举。

> **大师点拨**
>
> 抖音通过内容标签化、用户标签化，结合大数据智能分发匹配机制，使得海量内容轻松与产品特点相融合，精准链接目标用户。这也是抖音相较于其他传统电商平台最大的优势。

5 社交优势

抖音小店是基于抖音社交平台打造的,用户可以在抖音上通过互动、关注、点赞等形式与粉丝建立联系,提高粉丝忠诚度和消费黏性。

3.1.3 开通抖音小店的资质要求

为创建更好的经营秩序,同时提升消费者购物体验,抖音平台对商家的主体资质、品牌资质、行业资质、商品资质的有效性和合规性提出了明文要求。

1 主体资质

抖店主体分为个人和企业,其中企业包含个体工商户。个人开通抖店需提交身份证。企业开通抖店需提交营业执照和法定代表人身份证。

2 品牌资质

商家的品牌资质分为自有品牌和非自有品牌两类。其中,自有品牌需提供商标注册证或商标注册受理通知书,非自有品牌需有商标权利人为源头授权到开店主体的二级以内授权文件。

> **温馨提示**
>
> 二级授权是以商标持有人为源头的二级内完整授权,是指商标权人授权某公司销售其品牌商品,一级经销商授权给二级经销商销售,从一级经销商那里被授权销售的品牌就属于二级授权。简单来讲,从品牌方直接获得的商品销售授权属于一级销售授权,而在一级销售方获得的商品品牌销售授权就称为二级授权。以此类推,可以出现三级授权、四级授权等。

3 行业资质

行业资质是指企业在从事某种行业经营中,应具有的资格及与此资格相适应的质量等级标准。对于国家法律要求具有行业资质的企业,在抖音开店时同样需要提交备案行业资质文件。

4 商品资质

商品资质是由第三方机构通过检验评定企业的质量管理体系和样品形式试验，来确认企业的产品、过程或服务是否符合特定要求，是否具备持续稳定地生产符合标准要求的产品的能力，并给予书面证明的程序。

3.2 抖音小店的功能

抖音小店本质上就是综合类电子商务平台，但在传统电商平台的基础上增加了更多营销功能，使入驻抖音小店的商品营销更符合内容电商的特性。例如，可以通过个人主页、微头条、图文、短视频、直播等多种方式展示商品。抖音小店由展示端的"抖音商城"和电商后台管理端的"抖店"组成。抖音展示端的"抖音商城"如图3-1和图3-2所示，主要为承载消费者消费行为的应用场景。电商后台管理端的"抖店"如图3-3所示，主要是商家管理店铺与商品的功能应用。

图3-1 "抖音商城"入口

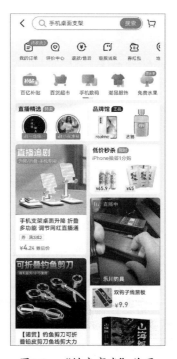

图3-2 "抖音商城"首页

第 3 章 如何开通抖音小店

图3-3 "抖店"后台首页

3.2.1 如何开通抖音小店

目前传统电商平台的经营主体只能是企业,比如京东、天猫等。而抖店的经营主体相对多元化,企业、个体工商户、个人均可开通抖音小店。开通抖音小店的具体步骤如下。

步骤 1 使用抖音账号在电脑端登录抖店,如图 3-4 所示。

图3-4 抖店登录界面

步骤 2 登录抖音选择开店主体类型,分别为个体工商户、企业/公司、跨境商家,如图 3-5 所示。

图3-5 "选址主体类型"界面

步骤 3 选择开店的主体类型之后,即可进入相关页面,开始填写主体信息,包括上传营业执照照片、法定代表人身份证照片等信息,如图3-6所示。

图3-6 填写主体信息

> **温馨提示**
>
> 抖店后台具备图像识别功能,所以只需要上传营业执照照片和身份证照片,系统会自动识别照片上的文字信息并自动填写。

步骤④ 填写店铺名称，提交后等待平台审核。

步骤⑤ 缴纳开店保证金。

> **温馨提示**
>
> 一个营业执照只能创建一个抖店。

3.2.2 如何上传商品

抖音店铺在通过审核和缴纳保证金后，即可添加商品，俗称"上传商品"或"商品上架"。

步骤① 在电脑端登录抖店后，在后台的左侧菜单栏中选择"商品"选项，然后选择"商品创建"选项，如图 3-7 所示。

图3-7 选择"商品创建"选项

步骤② 在打开的"选择商品类目"对话框中选择需要上传的商品的所属类目，如图 3-8 所示。

图3-8　选择商品类目

步骤❸ 在进一步打开的对话框中填写商品信息，并上传商品详情页，然后设置商品价格和库存数量。设置完后单击"发布商品"按钮即可完成上传商品的操作，如图3-9所示。

图3-9　填写商品信息并发布

3.2.3 ▶ 如何开通和添加小黄车

小黄车作为抖音中主要的分享商品的载体，是抖店商品出现在短视频和直播内容中的一种形式，其开通方法如下。

步骤❶ 在手机端打开抖音App，选择"创作者中心"选项，如图3-10所示。然后在打开的功能列表下的"内容变现"中选择"商品橱窗"选项，如图3-11所示。

第 3 章 如何开通抖音小店

图3-10 创作者服务中心

图3-11 商品橱窗

步骤 2 点击"成为带货达人"选项,如图 3-12 所示。在打开的页面中再点击"带货权限申请"按钮,即可完成小黄车的开通,如图 3-13 所示。

图3-12 成为带货达人

图3-13 带货权限申请

063

> **高手点拨**
>
> 在今日头条 App 内也可以开通小黄车。今日头条中小黄车的开通方式为在"个人中心"下的"创作者计划"中选择"商品库",即可开通。

3.2.4 抖店营销工具

抖音小店针对电商运营需求推出了各种营销活动,如满减、拼团、优惠券、限时限购等,商家可以根据不同需求进行选择。

在电脑端登录抖店后,在后台管理首页的左侧菜单栏中选项"营销"选项,再选择需要创建的营销活动,如图 3-14 所示。其中"活动广场"是由抖音官方推出的各种营销活动集合,在其中商家可以选择适合自己的活动进行报名参与,如图 3-15 所示。

图3-14 营销工具

图3-15 活动广场

在抖店的后台管理首页中选择"营销"选项后,商家还可以选择"营销工具"选择,然后在其中自行设置各种营销活动,如满减、拼团、优惠券、限时限量购等,如果 3-16 所示。

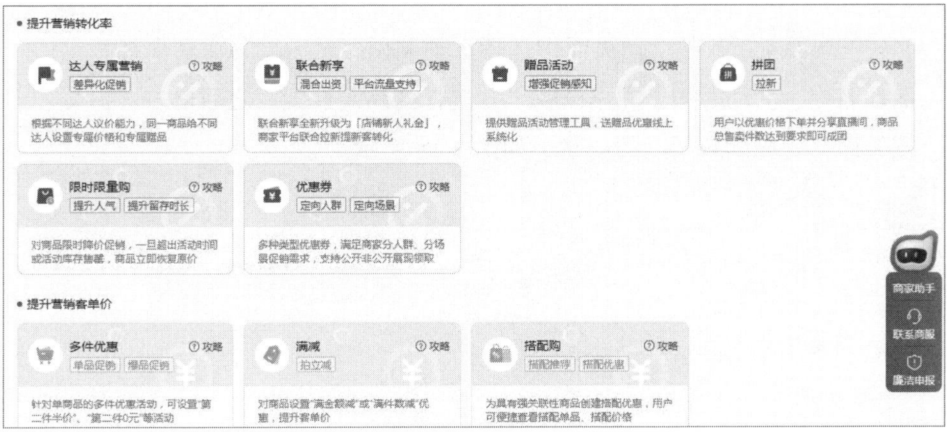

图3-16 营销工具

课堂范例

运用抖店营销工具创建满减活动

满减活动是指消费者的消费金额达到商家规定的数值后，减去商家设置的优惠部分金额。如满10减3，即消费金额大于等于10元就能减去3元，所以实际消费金额为7元。

满减活动实质上是商家推出的促销活动，通过折扣优惠吸引和说服消费者下单购买，也是各类电商最常用的一种促销形式。具体设置方法如下。

步骤① 在电脑端登录抖店后，在首页的左侧菜单栏中选择"营销"选项，然后选择"满减"选项，在右侧面板中单击"立即新建"按钮，如图3-17所示。

图3-17 新建满减活动

步骤2 在新建活动页面中选择活动类型,然后填写活动规则,包括活动名称、活动时间、优惠设置,并选择商品。设置完之后单击"提交"按钮即可完成满减活动的创建,如图3-18所示。

图3-18 填写满减活动规则

大师点拨

满减活动能让消费者产生购买冲动,是利用消费者"占便宜"心理的一种营销方式。所以在创建满减活动时最好使用阶梯满减的方式,这样可以更大地刺激消费者产生冲动消费,有效提升销售额。抖音小店允许商家设置五级阶梯满减活动,如图3-19所示。

图3-19 阶梯满减

课堂范例

运用抖店营销工具创建店铺新人礼金

抖音小店的店铺新人礼金是仅针对店铺新人的立减玩法,对消费者有明显的首单优惠提示。具体来讲就是,在该店铺首次进行消费的用户享有特殊的优惠政策。店铺新人礼金对于吸引新的消费者具有明显效果,具体设置步骤如下。

步骤 1 在电脑端登录抖店后,在首页的左侧菜单栏中选择"营销"选项,然后选择"更多营销工具"选项,如图3-20所示。

图3-20 抖店更多营销工具

步骤 2 在"更多营销工具"的工具列表中,单击"店铺新人礼金"选项,如图3-21所示。

步骤 3 在"店铺新人礼金"活动首页,单击"立即新建"按钮,如图3-22所示,进入活动创建页面。

步骤 4 在店铺新人礼金基础规则页面,逐步填写各项活动细则,并添加活动对应的商品,最后单击"提交"按钮,等待平台审核,如图3-23所示。

图3-21　抖店营销工具列表

图3-22　立即新建店铺新人礼金

图3-23　填写店铺新人礼金活动细则

运用抖店营销工具创建秒杀活动

秒杀活动是一种限时特价促销活动,通常在电商平台上举办,旨在吸引消费者通过抢购商品来获取更大的优惠。秒杀活动又称为"限时限量购"活动。

在秒杀活动中,商家会将某些商品在指定时间段内以非常低的价格出售,这些商品的数量通常是有限的。消费者需要在规定时间内抢购,否则商品一旦售罄,就无法再享受优惠价格。抖音小店秒杀活动的具体设置步骤如下。

步骤 1 在电脑端登录抖店后,在首页的左侧菜单栏中选择"营销"选项,然后选择"限时限量购"选项,如图 3-24 所示。

步骤 2 进入限时限量购活动首页,单击"立即新建"按钮,如图 3-25 所示。

图3-24 限时限量购

图3-25 立即新建"限时限量购"活动

步骤 3 进入活动的"基础规则"设置页面,然后按照营销需求填写各项活动规则,并选择限时限量购活动对应的商品,最后单击"提交"按钮,等待平台审核,如图 3-26 和图 3-27 所示。

图3-26 填写"限时限量购"活动的基础规则

图3-27 选择"限时限量购"活动对应的商品

• 课堂范例 •

运用抖店营销工具创建直播间福利任务

直播间福利任务是一种长时效拉互动的营销工具,支持商家、达人自主设置看播、分享、下单等任务条件,用户持续参与互动、完成任务,即可获得购物红包奖励。

直播间福利任务能够帮助主播吸引用户做任务、领红包,通过用户的正向互动提升直播间获取自然流量的能力,支持设置下单任务来增强用户下单意愿,从而助力直播GMV增长。直播间福利任务的具体设置步骤如下。

步骤❶ 在电脑端登录抖店后,在首页左侧菜单栏中选择"营销"选项,单击"更多营销工具"中的"直播间福利任务",如图3-28所示。

图3-28 直播间福利任务

步骤❷ 在直播间福利任务的首页单击"立即新建"按钮,在打开的页面中按照需求选择任务类型。平台一共提供3种任务类型,分别是:"拉直播间人数任务",如图3-29所示;"提互动任务",如图3-30所示;"促下单任务",如图3-31所示。平台对每类任务均设有不同的"每日任务"目标和"累计任务"目标,运营者可根据实际需求进行选择。

图3-29 拉直播间人数任务及目标设置

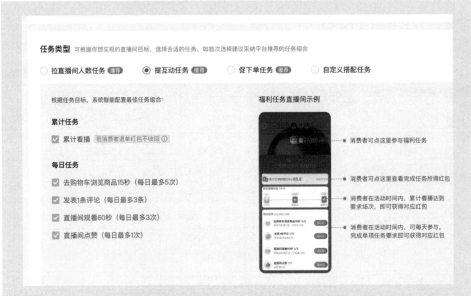

图3-30 提互动任务及目标设置

图3-31 促下单任务及目标设置

步骤 ③ 进入任务的基础规则设置页面,按照运营需求,填写各项任务参数,并单击"提交任务"按钮,等待平台审核,如图3-32所示。

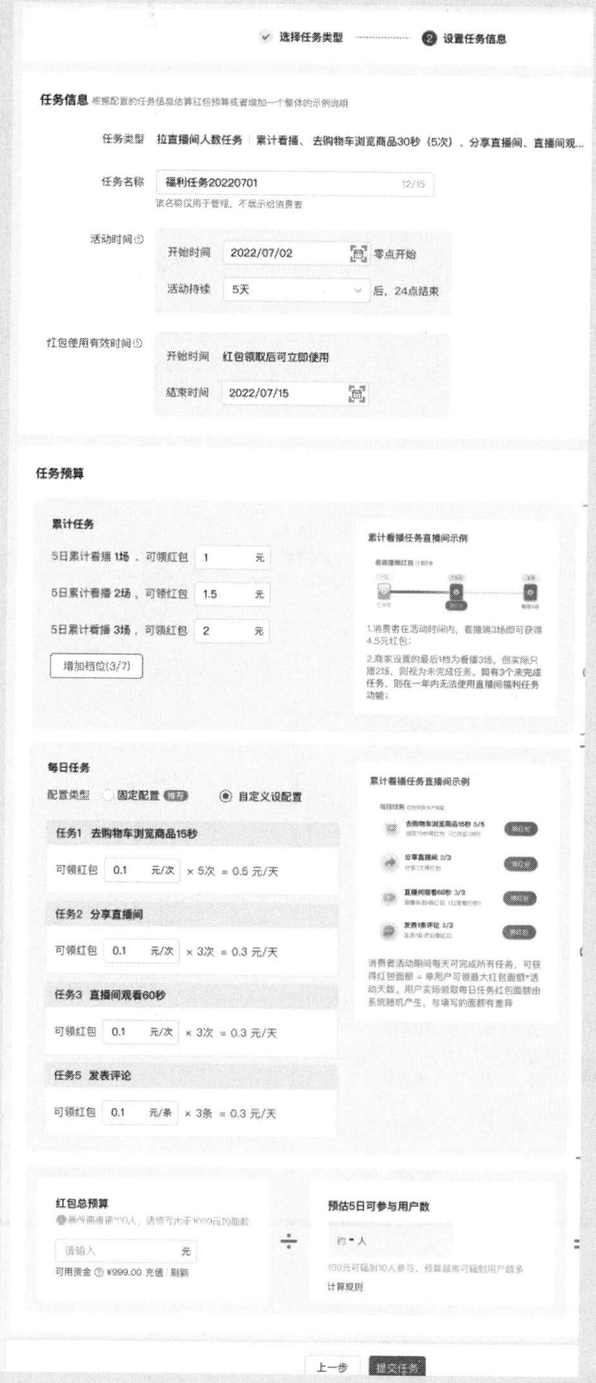

图3-32 填写直播间任务规则并提交任务

3.3 开通抖音小店的成本

开通抖音小店除了需要人力、货物、运营成本以外,还需向抖音小店平台缴纳一定金额的保证金。

3.3.1 开店保证金缴纳

抖音小店根据商品的不同类目,将会收取金额不等的保证金。例如,截至2023年1月,开通抖音小店缴纳保证金的标准如表3-1所示。商家在经营中出现违反平台规则或不诚信经营行为,平台将扣除保证金,同时限制部分经营行为,如表3-2所示。

表3-1 保证金标准

一级类目	企业	个体工商户	个人
服饰内衣	4000	2000	500
鞋靴	4000	2000	500
厨具	4000	2000	500
运动户外	4000	2000	500
生鲜	4000	2000	暂不招商
食品饮料	4000	2000	暂不招商
礼品箱包	10000	5000	暂不招商
酒类	20000	10000	暂不招商
钟表类	10000	5000	暂不招商
母婴	10000	5000	暂不招商
珠宝首饰	20000	10000	暂不招商
汽车用品	4000	2000	暂不招商
玩具乐器	4000	2000	暂不招商
宠物生活	4000	2000	暂不招商
家用电器	20000	10000	暂不招商
电脑手机	20000	10000	暂不招商
更多详见抖音官方说明			

表 3-2 保证金不足限制行为

场景	限制
保证金余额≥保证金应缴金额的 75%	无影响
保证金应缴金额的 75%＞保证金余额≥保证金应缴金额的 50%	若 72 小时补缴，则撤销判定 若 72 小时不补缴，则店铺停业整改
保证金应缴金额的 50%＞保证金余额≥0	店铺立即停业整顿，全部商品下架
保证金余额＜0	限制货款自主提现功能

3.3.2 关店保证金退还

若商家需要停止经营抖音小店，可在"抖店"电脑端的"店铺保证金"页面选择"关店退保"选项，如图 3-33 所示。按照抖店规则，退店流程如下：申请关店→验证身份→审核账户→签署退店协议→退还保证金。但申请退店需满足以下条件。

（1）店铺内所有商品已下架，确保不再发生新的交易。

（2）所有商品订单为交易完成或者交易关闭状态，且最后一笔订单完成已满 90 天。

（3）所分销商品无佣金欠款。

（4）所有其他打款已结清。

（5）无保证金欠款。

图3-33 抖店"关店退保"选项

3.4 抖音付费推广工具

为了让商家获得更多精准流量，即展示商品形成交易，抖音推出了一系列付费推广工具。商家可以根据不同需要，选择推广内容、推广直播间、推广店铺、推广商品。如此多的推广工具不仅可以使商家在付费推广时更加有的放矢，还能节约推广成本。

3.4.1 ▶ Dou+

Dou+ 是一款抖音内容加热工具，主要用于推广短视频和直播，加速内容传播，使其获得更多曝光量和互动数据。Dou+ 提供智能推荐投放和自定义投放两种模式。智能推荐投放是 Dou+ 按照内容标签自动匹配用户的一种投放模式，通过抖音强大的 AI 算法将内容与目标用户画像进行精准关联。自定义投放是商家或创作者按照自身内容特点选择用户推广的一种投放模式，投放时可以选择受众所在地域、性别、年龄、兴趣爱好，如图 3-34 所示。

> **大师点拨**
> 在 Dou+ 自定义投放时，可以选择"达人相似"投放，就是将内容推广给同一赛道优秀内容的粉丝群体。如果不能清晰梳理用户画像，选择达人相似推广，将能够快速精准地找到受众群体，节约投放成本。

图3-34　dou+投放界面

3.4.2 ▶ 巨量引擎

巨量引擎是字节跳动旗下综合的数字化营销服务平台。整个抖音生态系产品均可使用巨量引擎进行推广，包括抖音、西瓜视频、今日头条、番茄小说、懂车帝等。巨量引擎还是一个综合广告平台，具有推广短视频、直播、抖音电商、品牌宣传等多种推广工具。简单来说，字节跳动所有的推广行为都可以通过巨量引擎来进行投放。

该平台主要用于帮助开发者在字节跳动旗下各个平台中展示和推广其应

用，提高抖音电商和各种内容的曝光量与访问量。它具有以下用途。

（1）应用推广：巨量引擎可以帮助开发者和创作者将应用、内容推广到字节跳动旗下的今日头条、抖音、西瓜视频等多个平台，帮助开发者提高应用的曝光度和下载量。

（2）精准投放：巨量引擎可以根据用户的兴趣、性别、年龄、地域等多种因素进行定向投放，帮助开发者将应用精准地推送给目标受众。

（3）数据分析：巨量引擎可以提供丰富的数据分析和监测功能，帮助开发者和创作者了解应用或商品的曝光、点击和转化情况，优化广告投放效果。

（4）广告创意优化：巨量引擎提供了多种广告创意形式和优化方式，帮助开发者和创作者优化广告的展示效果，提高广告的点击率和转化率。

总之，巨量引擎是一款强大的应用推广平台，可以帮助开发者与创作者有效提高 ROI 的效果。

3.4.3 巨量千川

巨量千川是巨量引擎旗下的电商广告平台，为商家和达人们提供抖音电商一体化的营销解决方案。如果需要对店铺和商品进行推广引流，便可使用巨量千川，如图 3-35 所示。

图 3-35　巨量千川

大师点拨

如果想在抖音推广 App，提高下载量，需要使用巨量引擎中的 AD 广告投放工具。AD 广告主要用于推广 App、收集表单、推广品牌等。

3.4.4 ▶ 小店随心推

抖音的小店随心推是指抖音电商的一种推广方式，是为在抖音小店开店的商家提供的一种自助式广告投放服务，如图 3-36 所示。

图3-36　抖音小店随心推

小店随心推的主要用途是帮助商家在抖音平台上提高产品的曝光度和销售量，增加店铺的流量和转化率，从而实现商家的营销目标。

温馨提示

抖音小店随心推是巨量千川旗下的一款抖音小店推广工具。

第3章 如何开通抖音小店

课堂问答

通过本章的学习，读者对抖音小店有了一定的了解，下面列出一些常见的问题供学习参考。

问题1：开通抖音小店的主体资质有哪三种？

答：企业/公司、个体工商户和个人都可以开通抖音小店，但三者所需缴纳的保证金不同，而且对于部分类目商品，个人的抖音小店不能经营。

问题2：开通抖音小店后可以在哪些平台分享商品？

答：抖音小店作为字节跳动旗下的电子商务平台，在字节跳动旗下的大多内容平台均可分享抖音小店的商品，包括抖音、西瓜视频、今日头条、抖音火山版等。

问题3：Dou+和巨量千川有什么区别？

答：Dou+和巨量千川都是字节跳动旗下的推广工具。Dou+是抖音专属的内容推广工具，主要用于短视频、直播间涨粉和提高互动数据。巨量千川是抖音电商的推广工具，主要用于推广店铺和商品。

通过本章内容的学习，读者可以结合任务分析及任务步骤完成实训任务，巩固本章所讲解的知识点及实操应用。

任务1：在小黄车中添加商品链接

【**任务分析**】：在小黄车中添加商品链接后，可以挂在短视频和直播间，方便用户下单。用户开通小黄车后，会在抖音的"我"中出现"商品橱窗"选项，如图 3-37 所示。小黄车既可以挂自己抖店中的商品，也可以挂其他账号抖店中的商品。

【任务目标】：通过实操，熟练掌握小黄车添加商品的流程与方法。

【任务步骤】：具体操作步骤如下。

步骤① 在手机端抖音 App 中，点击"我"后，选择"商品橱窗"选项，进入商品橱窗界面，选择"橱窗管理"选项，如图 3-38 所示。

图 3-37　商品橱窗入口

图 3-38　橱窗管理入口

步骤② 进入"橱窗管理"界面，点击"选品广场"按钮，如图 3-39 所示。进入抖音电商精选联盟首页后，选择需要添加的商品，点击"加橱窗"按钮，如图 3-40 所示。

步骤③ 在发布短视频时选择"添加经营工具"选项，如图 3-41 所示。选择刚刚在精选联盟中添加的商品，点击"添加"按钮即可完成添加，如图 3-42 所示。

图3-39 选品广场入口

图3-40 搜商品加橱窗

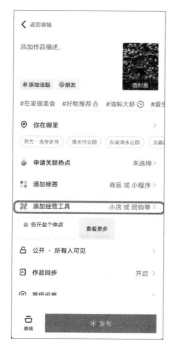

图3-41 添加经营工具

图3-42 添加商品

任务 2：在抖店中创建优惠券

【任务分析】：发放优惠券是一种最常见的促销活动，其目的也是刺激消费。抖店营销工具中同样提供了创建优惠券的营销功能。

【任务目标】：通过实操，熟练掌握使用抖店营销工具创建营销活动的方法。

【任务步骤】：具体操作步骤如下。

步骤 ① 在电脑端打开"抖店"的管理后台。在抖店营销工具中选择"优惠券"选项，然后单击商品优惠券中的"立即创建"按钮，如图 3-43 所示。

图3-43 新建商品优惠券

步骤 ② 在打开的对话框中，在"基础规则"下填写优惠券的基础规则，如图 3-44 所示。在"优惠设置"对话框中填写优惠设置信息，如图 3-45 所示。然后单击"添加商品"按钮，添加优惠券所对应的能够使用的商品，最后单击"提交"按钮完成设置。

图3-44 填写基础规则

图3-45　填写优惠设置

知识能力测试

本章讲解了抖音小店开店和运营的相关内容，为了对知识进行巩固和考核，请读者完成以下练习题。

一、填空题

1．在抖音上进行商品销售可以通过_____和_____两种方式开展。

2．抖音小店具有_____、_____、_____、_____等优势。

3．商家可以在抖店的_____中创建各种促销活动，其中包括满减、优惠券、拼团、限时限量购等。

4．抖音为商家和创作者提供了多种推广工具，其中包括_____和_____。

二、判断题

1．抖音小黄车可以外挂淘宝店铺中的商品链接。（　　）

2．企业开通抖音小店只需要提供营业执照即可。（　　）

3．巨量引擎是抖音推出的一款营销工具，只能进行内容推广。（　　）

4．在抖店从事生鲜销售，企业需缴纳 4000 元保证金，个体工商户需缴纳 2000 元保证金，个人店铺需缴纳 500 元保证金。(　　)

三、选择题

1．商家如果停止经营抖店，需要退还保证金，但必须（　　）才能退还。

  A．卖光商品   B．缴纳退店费用

  C．注销抖音账号   D．无保证金欠款

2．（　　）品牌需提供商标注册证或商标注册受理通知书。

  A．自有   B．非自有

  C．第三方   D．国际

3．上传商品需要在抖店页面中左侧的菜单栏中选择（　　）选项，然后在弹出的对话框中选择"商品创建"选项。

  A．营销   B．订单

  C．商品   D．店铺

4．抖音小店又称"抖店"，是由抖音为商家提供（　　）服务的工具。

  A．电商   B．营销

  C．活动   D．内容

第 4 章

直播电商平台算法逻辑

随着大数据和人工智能的不断发展,主流的直播平台全面使用大数据算法,把内容与用户进行精准匹配。直播间要想流量不断,就必须洞悉算法背后的基本逻辑。这种算法的目的是尽可能地让内容呈现在大概率喜欢它的用户眼前。本章将带领读者了解平台流量推荐的秘密。

学习目标

- 认识直播间评分机制
- 认识直播间流量推荐机制

4.1 主流平台直播推荐算法

推荐算法的核心是将内容和用户标签化、评分化，比如，用户标签化是通过用户日常的观看行为分析用户的喜好，从而为用户贴上对应标签；内容标签化是通过分析内容所在领域或行业后为内容贴上对应标签。当内容和用户都有了自己的标签后，只需将标签进行匹配，就能高效地将两者进行关联。

但是全网每天生产海量内容，对于如此庞大数量的内容，都推送给对应标签的用户肯定是不现实的。于是，平台推出了为内容评分的机制，即通过评分判断内容质量。评分机制会将高评分内容优先推荐给用户，从而使优质内容获得更多流量。

平台为直播间评分的考核指标主要是直播间观众停留时长、观众互动率、直播时长、直播间涨粉量等。其中，观众停留时长是最重要的考核指标。

4.1.1 ▶ 大数据与人工智能

大数据与人工智能都是当前热门的计算机技术，两者相辅相成，共同形成了一个以数据、算法、计算机学习为核心的新型技术应用。虽然大数据、人工智能技术远未达到高峰，仍然处在前期阶段，但人们的生活中已经无处不在应用它们了。比如，电商中的千人千面和短视频直播中的智能推荐就是大数据应用的典型案例，新型智能汽车车机系统中的语言交互也是人工智能应用的典型案例。

1 什么是大数据

大数据（Big Data），IT 行业术语，是指无法在一定时间范围内用常规软件工具进行捕捉、管理和处理的数据集合，需要新的处理模式才能进行处理的海量、高增长率和多样化的信息资产。大数据技术是通过获取、存储、分析方式，从海量数据中挖掘价值的一种 IT 技术。对于数据的级别，传统计算机和常规软件一般无力应对。

在维克托·迈尔-舍恩伯格及肯尼斯·库克耶编写的《大数据时代》中，大数据指不用随机分析法（抽样调查）这样的捷径，而采用所有数据进行分析处理。

大数据具有 5V 特征，即 Volume（大量）、Velocity（高速）、Variety（多样）、Value（低价值密度）Veracity（真实性），如图 4-1 所示。

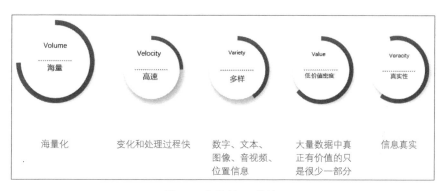

图4-1　大数据4V属性

> **大师点拨**
>
> 大数据的价值密度非常低，其中有价值的数据占比很小。比如遍布整个城市的天网系统，每天生产海量数据，但只有在进行犯罪追踪、事故溯源等任务时，对应的数据才有价值。由于数据价值密度低，所以很多监控系统会定期删除历史数据。

大数据拥有三大价值，分别是：帮助企业了解用户、帮助企业了解自己、帮助政府治理社会。而对于短视频平台，大数据的应用价值则包括前两种。

❷ 什么是人工智能

人工智能，英文是 Artificial Intelligence，又称为 AI。人工智能是一个以计算机科学为基础，由计算机、心理学、哲学等多种学科交叉融合的学科，用于模拟、延伸和扩展人的智能的理论、方法、技术及应用系统的一门新的技术科学。人工智能通过了解智能的实质，生产出一种新的能以类似人类智能的方式做出反应的智能机器，该领域的研究包括机器人、语言识别、图像识别、自然语言处理和专家系统等。

> **大师点拨**
>
> 人工智能机器人目前大致分为两类：一类是模拟人类外形和肢体动作的机器人，可以称为实体机器人；另一类是模拟人类思维方式的机器人。如果将这两类完美结合，将会产生一种高度拟人化的机器人。

3 大数据与人工智能的关系

大数据和人工智能均是以计算机科学为基础,但大数据技术是人工智能的基础。如果我们把人工智能比喻成一个婴儿,那么大数据就是婴儿成长过程中的养分和知识。因为任何一种智能的发展都有一个学习成长的过程,而各类传感器和数据采集设备生产的海量的深度和细致数据,为人工智能的学习提供了条件。

4.1.2 ▶ 用户匹配

用户匹配是一种为用户和内容贴标签、匹配标签的过程。平台会根据用户的观看历史、点赞、评论、分享等行为,分析用户的兴趣爱好,为其推荐相关的内容。同时平台会对直播的数据和视觉特征进行分析,如标题、标签、封面、音乐、时长、拍摄角度、颜色等,从而为用户提供更准确的内容推荐。如用户经常在平台观看美食制作、美妆、母婴的内容,那么系统就会为该用户贴上美食、美妆、母婴的喜好标签。在这种情况下,即使用户账号没有填写性别或进行实名认证,系统也能自动判断该用户为女性。

同理,一个直播间如果讲解美妆技巧和出售美妆商品,系统也会为该直播间贴上美妆的标签,并将直播间推送给贴有美妆标签的用户。

> **大师点拨**
>
> 如果一名用户在一段时间内高频率刷到同一类型或同一领域的内容,就证明该用户已经被系统贴上了该领域或该类型的标签。
>
> "标签"又分为账号标签和用户标签两种。账号标签是指账号内容所属的领域、行业或者账号内容风格,例如,央视新闻账号的标签为新闻类。而用户标签则是指用户的喜好方向,比如用户经常观看汽车知识相关内容,那么用户的喜好标签就是汽车爱好者。

4.1.3 ▶ 协同匹配

协同匹配是根据用户标签的分类,将与用户标签相似的内容推荐给相似用户的一种推荐机制。比如用户小明的喜好标签是汽车、钓鱼、火锅,用户小张的喜好标签是汽车、露营、火锅。由于小明和小张具有相似的喜好,那么平台会尝试把小张喜欢的露营相关的内容推荐给小明,从而拓展推荐范围和推荐能力，这一行为也称为"挖掘用户潜在标签"。

在现实生活中，当两个人有两三个相同爱好时，那么他们大概率还会有其他相同爱好或者相同需求。据此，挖掘用户潜在标签便是一种概率推荐算法。

大师点拨

关于"协同匹配"，更像我们常说的一句俗话"物以类聚，人以群分"。

4.1.4 ▶ 流量推送机制

流量推送机制就是一种为直播评分的过程。系统会根据多个维度的数值判断直播内容的质量，如果数据好，内容质量优，系统将为直播间推荐更多的用户。这就是我们常说的"进入下一个流量池"。

抖音直播间的具体推荐逻辑是，平台首先通过算法获取每个直播间的特征，再根据这些特征把直播推荐给可能喜欢这些主播的观众。具体获取的特征如下。

（1）开播时长，即主播开播的时间长度。

（2）观众的停留时长，即观众看直播的时间长度。

（3）互动情况，即观众在直播间的评论量、点赞量、礼物互动等情况。

（4）粉丝黏性，即直播时的涨粉情况及粉丝观看直播的频次。如果是电商直播，则直播间的下单率、成交金额、好评率等指标会影响推荐。此外，聊天室的用户也会影响流量推荐，如果用户是忠实粉丝，其与直播间的互动及其与直播间的连线情况也会提高流量推荐。

通常，直播间前10分钟和前30分钟是最重要的，系统会给直播间推荐流量，这部分流量在直播间的行为数据就是抖音平台对直播间的考核依据。

通常抖音直播间流量阈值的规律是：20人、50人、100人、260人、600人、1000人、1500人、2000人、3000人。

也就是说，当直播间有20人在线时，如果人气能够稳定3分钟左右，平台会给直播间推荐一波更多的流量进入，这时大约是50人同时在线；如果50人同时在线稳定3分钟左右，推荐的人数将更多，以此类推，使直播间获得更多流量。

另外，对于直播电商出单情况，以20分钟为一个周期进行评估，如果在不同时间段出单转化出现增加，平台给直播间的推荐流量也会增加。例如，直播间在7:00—7:20售出了2单，在7:20—7:40售出了4单，那么，在7:40—8:00这个时间段，直播间就会获得更多推荐流量。

> **大师点拨**
>
> 直播间除了有以上正面特征，也存在负面特征。如果主播有骗赞、骗互动等不良行为，观众不喜欢直播间或举报直播间等行为，将会影响直播的流量推荐。

4.1.5 直播间权重叠加

权重叠加机制是一种多元的评分机制，该机制除了对本场直播数据进行考核，还会将账号标签、平均流量池、转化路径、历史数据、账号健康度等因素纳入考核范围。账号的评分越高，获得的流量就越多，这也是很多优质账号能够在长时间内获得高流量的原因。

> **大师点拨**
>
> 流量推荐是一种"赛马机制"，比如同为卖女鞋的10个直播间，谁的数据好，谁就能获得更多的流量推荐。

• 课堂范例 •

优秀直播间赏析

怎么判断一个直播间是否优秀呢？其实，通过一部分显像指数，可以轻松地了解直播间的流量状况，如图4-2所示。图中显示，该直播间同时在线人数超过10万人，直播间人气榜为第30名，点赞数量高达5000万，是同一时段所有带货直播间中的第2名，同时直播间内单款商品销量达到8903单。一场直播的质量也就通过这些数据有了最好的证明。有了高流量不一定会有好的直播带货成绩，但没有高流量就肯定没有令人满意的直播带货成绩。因此，提高成交转化率是关键。

第4章 直播电商平台算法逻辑

直播间的用户是看不到全部销售指数的，但直播主体账号可以通过后台管理功能查看直播间的各项销售数据。普通用户可以通过第三方数据软件查询直播间的销售数据，如图4-3所示。

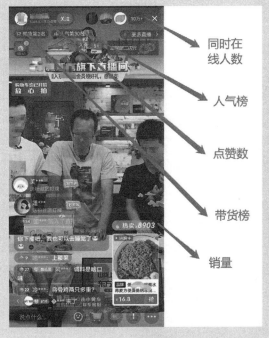

图4-2　优秀直播间

图4-3　第三方数据平台

4.2　直播间流量的核心要素

流量推荐算法本质上是给所有直播间安排的"考试"。这种"考试"并非只进行一次，当内容的观看量达到不同的数据层级时，都会进行一次"考试"，只有"考试"达标的直播间才会被推荐到下一个流量池。其中，直播间的各项指数就是平台安排的"考题"。

4.2.1 ▶ 什么是流量池

流量原本是指单位面积通过的水流数量，在互联网行业则是指用户数量。

短视频流量就是播放量，而直播间流量就是观众人数。流量池则是指流量的汇聚地，通常是在规定范围内可获得用户数的上限。直播平台将流量数值划分为多个等级，形成不同大小的流量池，并根据直播内容质量进行流量分配。

通常，流量池可划分为以下几种。

1 初始流量池

流量一般在 1000 以下，也称为"百级流量池"，如图 4-4 所示。

图4-4　初始流量池

2 基础流量池

流量一般在 1000 ~ 10000，也称为"千级流量池"，如图 4-5 所示。

3 待加热流量池

流量一般在 10000 ~ 100000，也称为"万级流量池"，部分平台也将这个流量池拆分为 10000 ~ 50000 和 50000 ~ 100000 两个流量池。

4 小热门流量池

流量一般在 100000 ~ 500000，部分平台将该流量池拆分为多个层级。

第4章 直播电商平台算法逻辑

5　热门流量池

流量一般在 500000 ~ 1000000，部分平台将该流量池拆分为多个层级。

6　爆款流量池

流量一般在百万以上，优秀直播间可以在该流量池获得数百万甚至超千万的流量，如图 4-6 所示。

图 4-5　基础流量池

图 4-6　爆款流量池

> **温馨提示**
>
> 不同平台的流量池划分有所差异，但基本逻辑相同。直播运营者需要根据不同平台的规则制定不同的运营策略。

4.2.2　直播间人气指数

直播间人气指数主要指直播间与用户之间产出的相关行为指数，包括直播间观看人数、用户停留时长、用户在直播间的互动数、直播间关注粉丝的转化量。其中，用户停留时长是最重要的参数指标。互动是指用户在直播间的点赞、评论、分享等数据。直播间观看人数又分为直播间峰值在线人数和直播间总观看人数，即在评估时不仅考量直播间同时在线的观众的最高数据，还会分析整场直播的所有观众人数。以上各项指数越高，则评分越优。

通常，直播间的点赞是为了"加热"直播间，开播 5 分钟内点赞数超过 2000 将会有一小波推荐流量。

> **大师点拨**
>
> 直播平台的生存在于用户活跃度，也就是说，直播平台最希望用户长时间停留在直播平台中，这也是为什么观众停留时长会成为直播间最重要考核指标的原因。目前在直播间常见的"定时抢福袋""定时抢礼物"，其实都属于延长用户停留时长的运营手法。

4.2.3 直播间销售指数

销售指数主要是指直播间各项交易指数，包括商品点击率、销售转化率、GMV 值。其中 GMV 值最为重要，也就是说总体销售额对于直播间的评分至关重要。

通过查询商品点击率，可以分析出在直播中介绍商品时对观众的吸引程度和引导能力。比如，主播在介绍一款商品时，一共有 100 人观看，而这 100 名观众有 80 名点击了商品链接，更加深入地了解了商品，此时商品点击率为 80%，由此可以推断，主播的商品讲解对观众具有较强的引导能力和吸引力。

直播间的销售转化率则是指最终的实际购买人数与通过直播间进入店铺点击商品链接的人数的比值。销售转化率是评判主播能力和商品受欢迎程度的重要指标。

4.2.4 口碑指数

口碑指数是用户对直播间的各项评价，主要包括有无投诉、体验分、商品评论、物流、售后服务等。以上各项指标中，除了商品评论能体现出商品本身的质量与性价比，其他指标均为软性服务能力的体现，由此可见，电商中客服能力直接关系到口碑指数的高低。如果所售商品出现质量问题，将严重影响账号权重和直播间评分，甚至影响直播间流量。比如，直播间销售的商品引起消费者的大量投诉或退货，直播平台就会对该直播间进行降分处理，并勒令其整改，同时降低直播间的推荐流量。

> **温馨提示**
>
> 消费者的投诉内容不仅包括商品质量，还包括物流发货到货速度、客服响应能力、退换货响应速度等。

电商中的客服能力具体到工作中，主要包括以下4点。

❶ 熟练的操作能力

此处的操作是指能够熟练使用抖店管理后台的各项客服功能。同时客服还必须要熟悉抖店后台的其他操作，例如，在已卖出的商品中，客服可以根据商品现在的状态按照工作流程进行下一步的工作。

> **温馨提示**
>
> 直播电商中的商品状态主要包括：已经付款未发货商品、卖家已发货商品、交易成功商品、等待付款商品、买家退货商品等状态。

❷ 行业知识储备

行业知识储备主要包括：对产品的专业掌握；对抖店规则的熟悉；对物流快递的掌握；对产品周边知识的了解。

客服作为店铺与买家直接沟通的人员，其中一个必备的能力就是要对自己的产品非常熟悉。客服具备了这项基本能力，在给买家介绍产品的时候才能做到胸有成竹，让说出去的话更能令买家信服。

❸ 优秀的语言文字表达能力

客服人员需要结合图片和商品详情用自己的语言给买家介绍商品，以说服买家购买。所以，与实体的销售员相比，抖店客服的语言能力要非常出色。在面对售后问题时，还需要通过语言平复买家的情绪，使店铺尽可能免于被投诉。

4 良好的心理素质

由于工作接触面很广，且工作烦琐，客服人员每天都会接触形形色色、脾气性格各异的买家，肯定会面临很多语言和心理上的挑战，所以客服还需要有一个良好的心态，能够始终保持亲切、谦卑、随和、灵活、大度的态度。

课堂问答

通过本章的学习，读者对平台推荐算法有了一定的了解，下面列出一些常见的问题供学习参考。

问题1：哪些因素会影响直播间流量？

答：影响直播间流量的因素主要有"人气指数"、"销售指数"和"口碑指数"。其中，用户停留时长、总体销售额和商品质量三大因素最为重要。

问题2：平台如何为用户贴上标签？

答：平台通过分析用户日常的观看历史、点赞、评论、分享等行为习惯来判断用户的喜好。如用户经常观看美食类直播或短视频，那么平台就会为用户贴上美食的标签，同时也会为该用户推荐更多美食内容。

知识能力测试

本章讲解了直播平台推荐算法和影响流量因素的相关事项，为了对知识进行巩固和考核，请读者完成以下练习题。

一、填空题

1. 直播间人气指数主要包括_____、_____、_____和_____。

2. 平台将流量分为若干层级，称为_____。一般流量超过_____就是小热门。

3. 用户匹配是指将拥有相同_____的用户和内容进行连接的一种机制。

二、判断题

1. 平台分配给直播间的初始流量一般为 20000 个用户。（　　）

2. 直播间销售指数主要指消费者购买后的商品质量评论。（　　）

3. 每个用户只能贴一个标签，但直播间可以贴多个标签（　　）

三、选择题

1. 下列哪一项不属于销售指数？（　　）

  A. GMV 值   B. 商品点击率

  C. 直播间人数   D. 销售转化率

2. 直播间的匹配算法以（　　）为基础。

  A. 大数据   B. 人工分析

  C. 用户自行选择   D. 随机分配

第 5 章

直播电商的选品与策划

　　直播电商经过多年的发展，已经逐渐渗透到各行各业。小到针线，大到汽车，用户都能在直播中找到购买渠道。甚至还出现了直播卖别墅、卖飞机的特殊案例。2023 年 1 月 30 日，商务部发布消息称，2022 年重点监测电商平台累计直播场次超 1.2 亿场。在众多的直播中，要想让自己的直播间获得更多关注和流量，前期的直播策划尤为重要。本章将为读者全面细致地解读直播电商选品与策划的各个环节。

学习目标

- ♦ 认识流量的特性和价值
- ♦ 熟悉打开流量大门的"流量密码"钥匙
- ♦ 熟悉直播电商选品的逻辑与技巧
- ♦ 掌握直播内容定位的方法
- ♦ 掌握直播内容策划的方法
- ♦ 掌握搭建直播间的方法与技巧

5.1 认识直播流量

要做好直播电商，首先要了解直播流量的价值及作用。在互联网行业，永恒不变的话题就是"流量"，所有的工作均是围绕着"流量"开展，如获取流量、转化流量、流量裂变、流量变现……一旦没有流量，所有的工作将毫无结果。很多曾经火爆全网的平台或游戏随着流量的枯竭，消失在了大众眼前。下面我们一起来探索下流量的特性和价值。

5.1.1 流量的定义与价值

流量最初始的意思是，在单位时间内流经管道有效截面的流体量，比如河道水流量、自来水管道流量、交通流量。在互联网中，流量指的是在单位时间内访问网站、浏览内容、关注账号的用户人数。例如，抖音每天活跃用户数量为3亿，那么这个3亿就是抖音每天的流量。

在商业行为中，获取价值的底层逻辑是要有流量，也就是说有了流量才有商业行为。这一点在商业中从未改变，例如，传统的线下餐饮会选择在人流量大且拥有多个餐饮商家的区域开店，这样成功的概率会更大。从这个例子中我们可以发现，该区域同时满足了流量大和流量价值高两个特点。因为人流量大意味着产生消费的机会大，而同类商家聚集则意味着流量的消费目的明确，用户需求精准。

流量的价值主要取决于获取流量的成本和流量的消费能力两点。流量会随着供需关系的变化产生位移。在供大于求的时候，获取流量的成本将增加，当成本大于利润时，商家会自动退出这个流量池，寻找新的流量来源。商家离开后，原有流量池会逐渐失去价值。

如果我们把一座城市看作一个流量池，就不难理解为什么大城市人口越来越多，小城市人口越来越少了。对于这种现象，也可称之为"马太效应"或"黑暗森林法则"。

其中，流量的消费能力是指直播间获取的用户购买力的强弱，如果用户的购买力强，则流量价值高。

> **大师点拨**
>
> 移动互联网时代与传统商业时代的流量最大的区别在于,前者流量价值更大。移动互联网时代,各大平台通过大数据算法对用户进行精准画像,然后将用户与商品进行精准匹配,从而使交易环节减少、交易成本下降。这也完全吻合了互联网"快速链接"的核心能力。

> **温馨提示**
>
> 马太效应是一种强者愈强、弱者愈弱的现象,广泛应用于社会心理学、教育、金融及科学领域。
>
> 黑暗森林法则这个概念来自刘慈欣的小说《三体》。可简单理解为,一旦某个宇宙文明被发现,就必然会遭到其他宇宙文明的打击。

5.1.2 短视频直播时代的流量特性

移动互联网的不断发展催生了信息碎片化,短视频直播就是信息碎片化的典范。全网每天都会产生海量的信息,用户获取信息的渠道越来越丰富。随着用户对信息的需求产生变化,当下人们已经很难去阅读一篇20页的文章或精读一本小说,甚至完整地看一部电视连续剧的人也越来越少。取而代之的是各种短视频、内容摘要、影视剪辑等。这些内容都符合当下流量对内容的基本需求,即"快、短、灵"。

"快"是指传播速度快,也指流量来得快去得也快。"短"是指内容简短精练,方便用户浏览阅读。"灵"是指多样化,即信息形式丰富多样。只要能满足"快、短、灵"特点的内容形式,几乎都能符合用户需求,这种现象称为"信息快餐化"。

5.1.3 流量密码

流量密码是指第一时间吸引流量的因素。流量密码就像磁铁,能让流量主动向内容汇聚。在短视频和直播领域中,由于内容数量庞大,用户往往只会关注到前几秒钟的内容,因此在这段时间内能够吸引用户注意力非常重要。视频内容、缩略图、标题等要素都需要尽可能地吸引用户眼球,这些都可以视作

"流量密码"中的因素。在直播领域，一些独特的内容创意、悬念引入、有趣的游戏规则等也可以被视为"流量密码"，它们能够在第一时间吸引用户的注意力，从而获得更多的观众和流量。常见的流量密码如图5-1所示。

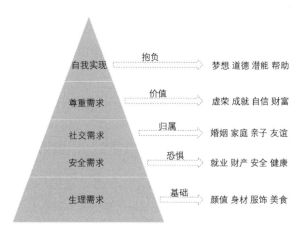

图5-1 流量密码

图5-1以马斯洛需求层次理论为原型，不同层级所对应的流量密码也有所差异。例如，对于模型中最初级的生理需求，常见流量密码主要是视觉类的"颜值"、身材等，这类流量密码特别适合娱乐直播。另外，各个层级的流量密码并非只能针对该层级的用户，比如安全需求层级中常见的讲解财经知识的直播间，主播也可以通过"颜值"来吸引新用户、增加停留时长。

> **温馨提示**
>
> 马斯洛需求层次理论（Maslow's Hierarchy of Needs）是由美国心理学家亚伯拉罕·马斯洛于1943年提出的一种人类需求层次模型，被认为是心理学中一个重要的理论。
>
> 该理论认为人的需求可以分为五个层次，依次是生理需求、安全需求、归属和爱的需求、尊重需求和自我实现需求。这些需求层次是按照优先级顺序排列的，较低层次的需求得到满足后，个体才会去追求更高层次的需求。
>
> （1）生理需求：包括空气、水、食物、睡眠、生理性需求等，是最基本的需求。
>
> （2）安全需求：包括安全感、身体的保护、稳定性和规律性等需求。
>
> （3）归属和爱的需求：包括爱、归属感、友谊、人际交往等需求。
>
> （4）尊重需求：包括被人尊重、自尊、地位、成就和荣誉等需求。
>
> （5）自我实现需求：包括自我实现、个人成长、自我发展和实现自己潜能的需求。

5.1.4 公域流量与私域流量

公域流量是指平台中可以不断获取用户流量的流量池。它的优点是通常流量巨大，缺点是商家或创作者需在平台允许的范围内以规定的方式与流量进行互动。例如，在京东直播时如果多次提到淘宝，账号就会受到京东平台的限制或封禁。大家常用的淘宝、天猫、京东、拼多多、小红书、抖音、今日头条、快手等，都属于公域流量平台。

私域流量是指企业或个人通过自己的渠道、平台或客户关系获得的访问量。简单来讲就是个人或企业拥有的流量池，且不允许其他个体或企业获取该流量，通常私域流量比公域流量的质量更高。私域流量的优点是主体可以和流量产生充分互动，主体与流量之间信任度高，便于开展更加精细化和有针对性的营销活动。因此，私域流量对于企业或个人的长期发展具有重要意义。私域流量通常规模较小，如 QQ 群、微信朋友圈等就属于私域流量，缺点是流量范围有限。

公域流量和私域流量是互相补充的两种流量获取渠道，它们之间有密切的关系。

首先，公域流量和私域流量都是企业或个人在网络营销中获取访问量的方式，它们共同构成了企业或个人在互联网上的流量来源。

其次，公域流量可以为企业或个人带来更多的潜在客户或受众，提高品牌知名度和曝光率，进而带动私域流量的增长。例如，账号在通过短视频直播或搜索引擎获得了一定的公域流量后，可以通过跟踪引导受众进入微信群，进而转化为私域流量。

最后，私域流量可以提高客户忠诚度和重复购买率，进而增加公域流量的回流和转化率。例如，通过社群运营等私域流量渠道，向已经购买过产品或服务的客户提供优惠或奖励，可以激发客户二次购买或推荐他人购买，从而带动更多的公域流量的增长。

因此，公域流量和私域流量是相互促进和互相补充的，综合运用两种流量的获取方式，可以帮助企业或个人在互联网电商中获得更好的商品销售效果。

第 5 章 直播电商的选品与策划

课堂范例

公域流量如何转私域流量

随着共享经济和微商的发展，私域流量越来越受到各大企业的重视。因此，搭建自己的私域流量池，将公域流量转化到私域成了一项重点工作。

这种转化的核心是利用与公域用户互动的机会传达信息，引导公域流量流向私域流量池。常见的转化方式如下。

案例1：可以在抖音账号简介栏中预留微信号，引导粉丝添加微信好友，如图5-2所示。

案例2：电商购物时，拆开包裹后经常会有一张小卡片，卡片上印有类似"扫码加微信领福利"的话术。商家通过商品传达抽奖信息，可引导用户成为私域流量，如图5-3所示。

图5-2　账号简介转私域

图5-3　商品传达私域信息

大师点拨

把公域流量转化到私域的核心在于价值诱导，简单来讲就是用户进入私域流量池后给予一定的价值好处。例如，购买某种图书的用户加微信后能够领取完整教学视频，购买空调的用户在添加电商卖家的微信后能够获得免费安装的机会。

5.2 直播电商的选品方法

在直播电商中,我们经常看到有的直播间动辄上万件的商品库存迅速售罄,有的直播间商品却无人问津。这背后很重要的一个原因就是"商品"本身的属性,好的商品可以带动直播间的人气和销量。那么,什么样的商品能够热销呢?选择商品的技巧、渠道都是决定最终转化的重要因素。只有掌握选品的方法,找到性价比高的商品,才能在激烈的竞争中脱颖而出。在具体选品之前,我们先来认识一下直播电商的交易逻辑,如图5-4所示。

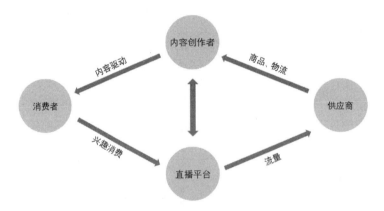

图5-4 直播电商交易逻辑

在直播电商的交易逻辑中,一共有4个角色参与,分别是内容创作者、消费者、直播平台与商品供应商。直播电商的核心是内容驱动,直播平台为内容创作者提供发布渠道,内容创作者吸引消费者并形成消费流量。同时直播平台将消费流量分配给供应商,实现商品交易。供应商把商品和物流服务能力赋予内容创作者,实现整个交易闭环。从图5-4中,不难看出直播平台就像一个大型商场,而内容创作者则是商场中的各个商家店铺,供应商为商家店铺提供商品和售后服务,消费者则是逛商场的人。

5.2.1 直播电商选品逻辑

直播电商在选品时需要遵循一些基本逻辑,切勿凭自己的喜好进行选品。特别是直播新手和小主播,在选择商品时就更不能任性而为。

第5章 直播电商的选品与策划

❶ 市场规模

市场规模的大小反映了潜在消费者的多少，也代表着市场需求的方向。比如，智能手机已经在人们的生活和工作中必不可少，基本人手一部，这就是一个巨大的市场规模。在选品时，选择市场规模较大的商品，就意味着可能获得更高的成交转化率，因为其面对的潜在消费者数量级较大。当然，也会面临竞争激烈的市场现状。

❷ 价格因素

在直播中购买商品很多时候是一种冲动消费，低客单价的商品更利于消费者快速做出消费决策。在直播电商中，我们通常把价格分为以下几个等级：10元以下、10～30元、30～100元、100～200元、200～500元、500～1000元、1000元以上。价格越低，消费者越容易完成购买。

> **大师点拨**
>
> 市场规模和价格因素往往具有一定的关联性。但价格低并不意味着市场规模小，选品时更应该考虑商品的人均使用或购买的基数。比如卫生纸领域，客单价往往低于10元，但由于是人们日常生活中必不可少的消耗品，所以我国的卫生纸市场规模每年高达1000多亿元。

❸ 成本因素

直播电商归根到底是一场"供应链"的游戏，谁有价格优势谁就占有先机。在选择商品时应尽可能选择供应链源头的商品，这样才能把商品成本控制到最低，更多地让利消费者。在市场营销领域有一句话是这样说的，"消费者要的不是便宜，而是占便宜"，意思是消费者所进行的消费，很多时候不是因为感觉商品足够便宜，而是感觉占到了便宜。比如某酱香型白酒的市场售价高达3000元一瓶，如果能找到该白酒的厂家拿到较低的进货成本，在直播间售价1499元一瓶，消费者购买时还将赠送价值800元的浓香型白酒，那么这种优惠活动自然能吸引很多消费者。

❹ 品牌因素

选择品牌应本着"能选大不选小"的原则。人们购买商品不仅是购买商品功能，更多的时候是在购买商品的品牌价值。具有号召力的品牌能够让流量主动向商品靠近，有效降低引流成本，而且大品牌商品通常利润率也更高。比如在直播间销售手机，选择华为品牌手机作为商品，销量肯定会高于某些不知名品牌的手机。

> **温馨提示**
>
> 在直播带货中，选择具有品牌号召力的商品，往往能够获得较高的成交转化率。这类商品成本通常较高，对于新人主播，可以更多地将它设置为粉丝福利，利用它的品牌号召力吸引更多的观众进入直播间。

5 消费频次

低客单价的商品必须具备高频次的消费特点。商家千辛万苦与消费者建立信任完成交易，如果是"一锤子买卖"，这将是对营销成本的巨大浪费。所以在选品时应选择容易产生复购的商品，比如前文中提到的卫生纸，消费者每天都要使用多次，平均每月也要复购1～2次。这类消费频次极高的商品往往能有效地提高消费者黏性。

在商业领域有一句话，"没有复购的交易，是很难产生诚信的"，这是指卖家抱着"一锤子买卖"的心态。商家不考虑用户会复购，只想在一次交易中获取足够的利润，就会在营销过程中使用虚假宣传等违规方法，因为他知道你不会有第二次光顾的可能。由此可见，追求消费频次与复购才是做好生意的核心，新人主播在选品时应该多选择低利润、高频次消费的商品。

> **温馨提示**
>
> 我国消费品的供应链源头大多集中在长三角、珠三角一带，比如义乌、昆山、东莞、深圳等地的各类批发市场。在这些地方，很多商品具有难以想象的价格优势。如果具备一定资源，甚至可以直接从生产厂家处拿货。

5.2.2 高转化率选品技巧

除了遵循选品基本逻辑外，我们还应该遵循一些选品技巧。选品逻辑决定

第 5 章 直播电商的选品与策划

了商品销售的基本面,但这远远不够。要想直播间的成交转化率更高,下面这些选品技巧也不可或缺。

1 商品与账号内容属性关联

直播电商选品尽量与账号内容方向一致,这样推送的流量才更加精准,有助于提升商品成交转化率。比如内容主打二手车的账号,在直播带货时选择美妆商品,显然两者完全不匹配。二手车目标用户主要是 25～40 岁的男性,但美妆的目标用户以 18～35 岁的女性为主。这种直播转化率肯定非常低,这就是我们常说的"把梳子卖给和尚"的例证。这种现象背后的逻辑简单来说就是,产品属性与用户需求不匹配。

2 流行爆款商品

选择当下的爆款商品是一种"蹭热点"的选品技巧。这种商品往往在一定时间段内关注度高、购买需求旺盛,成交相对容易。比如,元宵节前卖汤圆,情人节当天卖玫瑰花,等等。

> **大师点拨**
>
> 在直播电商中选择流量爆款时,需要注意"热度越高,持续时间越短"这个逻辑。所以需要把常态化的商品与流量爆款进行组合销售,以此实现直播间的持续运营。

3 "高颜值"商品

观看直播时,用户只能看到商品的外观,并不能实际触摸感受商品质量,那么商品的"颜值"给用户的第一印象就非常重要。如果商品外观不好看,可能用户听主播讲解商品的兴趣都没有了。在直播时选择"高颜值"商品具有以下优势。

- **吸引注意力**:"高颜值"的商品往往具有精美的外观,能够很好地吸引人们的注意力,激发消费欲望。在选择商品时,消费者往往更愿意选择外观精美的商品。
- **提高认同感**:"高颜值"的商品往往能够给消费者带来更加愉悦的购物体验,增强购物时的好心情,提高购买商品的满意度和忠诚度。购买"高颜值"的商品还能提高消费者在社交圈中的地位和被认同感。

4 轻便小巧

轻便小巧的商品由于体积小、重量轻，更利于在直播间进行展示。对于轻便小巧的商品，主播可以轻松拿起商品，展示商品的外观、材质、大小等特点，同时更容易进行细节展示，方便用户全面认知商品。轻便小巧的商品易于操作，主播可以更容易地展示商品的使用方法和效果，让观众更加直观地了解商品的实际效果。

而且体积较小的商品容易给用户一种相对便宜的心理暗示，更利于达成交易。同时轻便小巧的商品更具娱乐性，更易于进行各种有趣的互动和挑战，（如小型游戏、比赛等），增加直播的娱乐性，吸引更多观众关注。

> **大师点拨**
>
> 作为直播电商的从业者，应该多关注大网红在直播间销售的品类。很多时候，一个不温不火的品类在经过大网红带货后会迅速火爆全网。

5.2.3 多维度选品评分机制

在日常选品工作中，根据选品逻辑和选品技巧形成了一套系统的选品评分机制。通过不同维度对商品进行评分，能够清晰判断所选商品是否符合直播带货的要求。评分机制包括品牌维度、厂家维度、市场维度、价格维度、产品维度、用户维度，如图5-5所示。

名称	品牌维度		厂家维度		市场维度		价格维度		产品维度									用户维度		总分
									产品评价	产品特点						产品详情页				
	名气	热度	投诉	售后服务	市场规模	消费频次	价差	均价	历史评价	颜值	实用性	实用	含量	成分	材质	首图质量	卖点描述	账号匹配度	时节匹配度	综合得分
产品名																				

图5-5 多维度选品评分表

多维度选品评分表中的各项维度的评分具有较强的主观性，在实际选品评分中，除了大量的调研，还可以使用电商选品软件进行选品评测。选品软件是帮助商家在日常的店铺运营过程中及时发现合适产品并进行产品更换的专业软件。由于现今技术的完善，专业选品软件在选品把控、数据分析及流量排行等方面的搜索和汇集能力已经远远超过了人类的处理速度和效率。因此，在电商行业中对产品进行评分，选品软件已经成为常用的工具。在实际工作中，常用的选品软件如下。

❶ 淘宝生意参谋

这是阿里巴巴花重金打造的首个商家统一数据平台，面向全体商家提供一站式、个性化、可定制的商务决策体验。淘宝生意参谋集成了海量数据及店铺经营思路，不仅可以更好地为商家提供流量、商品、交易等店铺经营全链路的数据披露、分析、解读、预测等功能，还收录了上百万细分市场，用大数据帮助商家发现最新的爆款。

❷ 蝉妈妈商品榜

蝉妈妈直播电商数据分析平台推出了热销商品排行榜，如图5-6所示。榜单系统通过大数据分析出单位时间段内，直播电商平台的商品销售趋势，包括日销量、月销量、转化率、直播场次等多项数据，如图5-7所示。商家可根据榜单，结合自身经营方向，精准选择热销商品。

图5-6 蝉妈妈商品榜

图5-7 蝉妈妈单品数据

• 课堂范例 •

利用选品评分表为商品打分

以华为Mate 40 Pro手机为例,直播主体选择"电子产品评测"内容领域。该手机的多维度选品评分结果为143分,如图5-8所示。通常单项评分4分及以下为极差、5分为差、6分为中、7~8分为良、9~10分为优,总分超过140分即为优秀选品。

满分10分	品牌维度	厂商维度		市场维度		价格维度		产品维度						用户维度		总分
								产品评价	产品特点			产品详情页				
名称	知名度	近期热度	投诉	售后服务	市场规模	消费频次	价差	均价	历史买家评价	颜值	实用	含量	成分	材质	首图质量	卖点描述	用户画像匹配度	时间节点匹配度	综合得分
华为Mate 40 Pro	10	9	8	10	10	5	2	10	8	9	10	10	7	8	8	10	6	143

图5-8 华为Mate 40 Pro选品评分

这些评分往往没有具体的评分标准,但在实际工作中也有一些评分技巧。比如,对于市场规模,可以去专业的细分网站查询品牌的市场占有份额,市场占有额第一的得10分,第2的得9分,以此类推。消费频次可以按照每周购买一次得10分,每月购买一次得9分,每季度购买一次得8分,以此类推。再如,价差是指我方售价与竞争对手的售价比较,对于价差的评分可以多去查询淘宝相同商品店铺的售价,价差越大得分越高,反之得分越低。

5.2.4 ▶ 商品卖点分析

在选品工作中,分析商品卖点是最为核心的工作。只有卖点直击消费者的痛点,商品才会有好的销量。同时,分析商品卖点也能助力主播快速熟悉商品和梳理直播话术。商品卖点主要包括价格、目标人群、消费者痛点、信任背书、优惠活动等。在实际直播工作中,可以将卖点分析绘制成表格,有利于系统化分析,如图5-9所示。

第5章 直播电商的选品与策划

序号	产品名称	品类	价格		卖点						问题解答	备注
			常规价格	直播间价格	目标用户	痛点分析	商品口碑	信任背书	资质证书	品牌价值	同类比价	解除疑虑	
1													

图5-9 商品卖点分析表

在直播电商领域，常用的商品卖点分析方法如下。

（1）客户调研：通过问卷调查、访谈等方式，了解潜在客户对商品的需求、偏好和购买动机，从而找到商品的独特优势和卖点。

（2）竞争对比：分析同类商品的优势和劣势，找到自己商品的区别性优势和卖点，例如，在价格、品质、设计、服务等方面进行比较。

（3）产品特性分析：通过分析产品的特性和功能，找到其中最具有独特性、最能吸引目标客户的特点，例如，某件衣服的特殊面料、新颖的设计、舒适的穿着体验等。

（4）数据分析：通过销售数据、用户评价、关键词搜索结果等数据，了解消费者的购买行为和购买意愿，找到最能满足消费者需求和期望的商品卖点。

（5）商品体验：通过体验自己的商品，了解商品的使用感受和优劣，找到最能够吸引和留住消费者的卖点和优势。

5.2.5 选品渠道

渠道决定货源质量和价格，优质的进货渠道甚至左右着直播的成败。常见的选品渠道主要分为线上、线下两类。

1 线下渠道

线下渠道主要集中在长三角和珠三角一带的各类批发市场，如义乌小商品市场、深圳华强北电子批发市场、广州流化服装批发市场。另外，各类展销会也是线下选品渠道，如广交会、西博会、糖酒会等。在线下寻找货源时，除了各类批发市场，还可以直接找到商品的生产厂家，商谈代理合作。

服装类主要的线下货源渠道有：广州十三行服装批发街、广州白马服装市场、广州沙河服装批发市场、武汉服装批发市场、杭州四季青服装批发市场、东莞虎门富民服装批发市场、福建石狮服装批发城等。

食品类主要的线下货源渠道有：成都农产品中心批发市场、北京新发地批发市场、广州三一食品批发市场等。

电子类商品主要的线下货源渠道有：深圳赛格电子市场、深圳华强北电子批发市场、南方大厦国际电子数码城、无锡电子数码城等。

综合类商品主要的线下货源渠道有：广交会、西博会、义乌小商品市场等。

> **温馨提示**
>
> 　　义乌小商品市场拥有43个行业、1900个大类、170万种商品，囊括了工艺品、饰品、小五金、日用百货、雨具、电子电器、玩具、化妆品、文体、袜业、副食品、钟表、纺织品、服装等日用工业品。
>
> 　　深圳华强北电子批发市场是我国最大的电子商品批发市场，主要经营手机、电脑、通信设备等相关商品。广州流花服装批发市场是全国较大的服装批发市场，也是各类服装的商品源头批发地。
>
> 　　广交会、西博会是全国规模较大的综合类线下博览会，参展商包括各行各业。糖酒会则是以副食、糖酒类商品为主的线下博览会。

2 线上渠道

相比于线下渠道，线上渠道更容易找到，且合作门槛更低，但线上渠道价格优势较小。常用的线上选品渠道如下所示。

阿里巴巴批发网：https://www.1688.com

中国制造网：https://cn.made-in-china.com

义乌购：http://www.yiwugo.com

世界工厂：https://www.gongchang.com

货源之家：https://www.huoyuanzhijia.com

> **温馨提示**
>
> 　　线下渠道选品可以直接联系厂家，但这种合作门槛较高。不过一旦合作达成，进货成本将具有明显竞争优势。

5.3 直播电商的内容定位

直播形式从内容来看主要包括游戏直播、娱乐直播、户外直播、知识分享直播、带货直播等，这也是目前直播变现的几种主要模式。很多游戏直播、娱乐直播、户外直播也加入了直播带货的行列，主播们通过场景展示的方式，将商品与直播内容高度关联，受众更加精准，商品展示也更具代入感。

5.3.1 主播人设定位设计

直播行业竞争激烈，单纯讲解商品卖点很难吸引用户形成转化。主播作为直播内容的核心输出口，其重要性不言而喻。主播人设的定位，应本着发挥主播特长的基本原则，尽可能展示主播最擅长的方面。主播人设定位需要包含：我是谁、我将面对谁、我能提供什么好处、我能解决什么问题、我的价值。

如图 5-10 所示，图中的主播是一名尿不湿厂家的老板，这个信息告诉用户，对于这个品牌的尿不湿，"我"具有主导权和价格制定权，"我"所提供的是源头货、源头价格。主播希望面对的对象为 20 岁至 35 岁的女性，因为该类用户很多都是新生儿的妈妈，是尿不湿产品的主力购买者。而主播的价值则是由人物身份和产品特点共同构成。老板的身份与产品吸水性强、保护皮肤的特点，共同构成了主播的价值：给消费者带来便宜且优质的尿不湿产品。

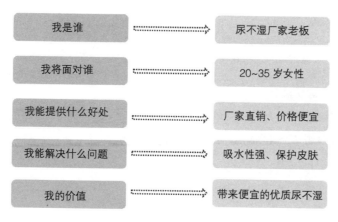

图5-10 主播人设定位

在填写账号信息时，可以将定位设计的内容部分填写到账号信息中，如图5-11所示。主播在账号信息中明确体现了，他是××品牌的创始人和其他一系列社会身份。这一串的信息背后，也明确了他面对的粉丝画像为钓鱼爱好者，同时也暗示了在他的直播间购买××品牌的鱼饵非常便宜且一定是正品。至于能解决什么问题，这主要依靠直播间和短视频对商品功能的讲解。

图5-11　定位设计与账号信息结合

大师点拨

主播人设定位就是为主播总结出的个性标签，使其能被用户快速记忆、快速识别并产生情感共鸣，形成传播效应。在实际的人设定位工作中，读者只需要体现出有用、有趣、共情、好看这4个点中的1个，就是较为成功的人设定位。但优秀的人设定位往往会占到4个价值点中的多个。

例如，知名三农账号"××耕田"，博主为了孩子能吃一口放心菜，辞职回乡进行农业种植创业。这个创业初心能够与很多同样担心儿童饮食安全的父母产生共情。同时博主还强化了自己的专业属性，翻译数百万字的英文生态农业生产文献，不仅成功种植出低成本绿色蔬菜，还把识别和选择安全农产品的方法分享给数以百万计的粉丝。这个人设定位又占据了"有用"这个价值点。所以，在人设定位上总结出2个人设标签的"××耕田"，已迅速成长为抖音三农领域的头部账号。

5.3.2 主播风格定位设计

主播风格是直播内容呈现的一种特点。这种特点通常和主播的性格特征相吻合，同时主播风格也代表了直播间的风格。例如，主播性格幽默，直播时的表现很搞笑，这就是一种风格。策划主播风格并不难，读者可以把主播人设定位与主播表现特点相结合，就形成了主播风格，风格定位公式如图5-12所示。容易吸引用户的风格主要有幽默搞笑、夸张、唯美等。

图5-12　风格定位公式

> **大师点拨**
>
> 风格定位其实就是符合性格特点的表现方式。这里的"表现"是指能被观众看到和听到的内容，这也符合直播是由声音和图像构成的特点。所以风格定位可以是幽默的语言、夸张的表情、丰富的动作、极具磁性的声音、高颜值的外貌、慢条斯理的语速、不苟言笑的表情……

5.3.3 自身优势分析

优势分析是开展电商直播前的市场调研工作。通过优势分析可以确定账号赛道、内容形式、直播时间段、前期投入，这些因素也最终左右着直播效果的优劣。在开展直播电商工作前，需要从供应链、竞争对手、团队能力、资金投入、消费者多个维度进行自身优势分析。

1　供应链分析

直播电商在本质上是一场"供应链"的游戏。在供应链方面的议价能力会影响商品的竞争力，尤其是当供应链垄断程度比较高、替代品比较少时更是如此。在选择供应链时应首先遵循"做熟不做生"的原则，即选择自己熟悉的行业和领域。其次是尽快寻找供应链源头，减少中间环节可以让利消费者，带来更多的转化。最后应该"货比三家"，在比较的过程中还能储备更多的供应链资源。

> **大师点拨**
>
> 大品牌商品供应链源头的合作成本和门槛相对较高,可以选择同类商品中品牌较弱的供应链。在投入有限的情况下宁可选择小品牌,也一定要找到供应链源头。

❷ 竞争对手分析

竞争对手分析是有助于在众多经营因素中找到竞争优势项,进而扬长避短获得成功。在直播电商领域,竞争对手分析主要从以下 5 个维度开展:商品质量、终端售价、活动规模、总销售量、直播间人气。如果在这 5 个维度中占据 3 项优势,那么直播成功的概率会大大增加。

❸ 团队能力分析

直播电商是一人出镜、多人在后台提供支持的行业,因此,团队综合能力和协同能力至关重要。团队中各岗位人员在各自领域的相关工作经验和成功案例可以综合利用,能有效弥补新建团队配合生疏的缺陷。

❹ 投入能力分析

在开展直播电商工作前,需要全面计算投入资金的规模,根据投入资金规模推算产出能力。投入资金规模通常需要按照 6 个月的成本支出计算,主要包括人员成本、场地成本、货物成本、付费流量成本、不可预见风险成本。其中不可预见风险成本可以设置为其他成本总和的 20% 以上。

> **大师点拨**
>
> 如果投入资金有限,不能与供应链源头达成合作或大量囤货,那么也可以在抖音"精选联盟"中选择高佣金商品进行直播带货。通常选择佣金率大于等于 40% 的商品为佳,如图 5-13 所示。

图 5-13 高佣金商品

5.3.4 ▶ 目标消费者分析

直播电商行业进行目标消费者分析，主要是分析粉丝画像与目标消费者是否吻合。如果粉丝画像与目标消费者不匹配，账号不仅很难获得流量，而且更难完成成交转化。对于刚从事直播电商的账号，需要选择与粉丝画像匹配的商品进行带货。除此之外，还需要分析目标人群的消费能力、消费喜好、品牌偏好、理想价位等因素。

> **大师点拨**
>
> 对消费者的喜好、消费能力等进行分析是一项系统的市场调研工作。但在直播电商的实际工作中，也有简便的分析技巧。从业者可以在同类直播间收集相关数据，例如，一款售价400元的空气炸锅上架100台，1分钟内售罄，从这一组销售数据可以得出的结果为，目标消费者对空气炸锅需求旺盛，且400元的售价为消费者可接受价格。

5.4 直播电商的内容策划

一场高质量的直播，除了确定主播风格定位，还需要为主播提供内容定位。如果把主播比喻为"枪"，那么内容就是"子弹"。

5.4.1 ▶ 直播内容定位

直播电商行业"卖货"是结果，"内容"是过程，只有把控好过程，才能得到理想的结果。常见的内容结构分为：讲故事、秀过程、教知识、说产品。在具体内容定位时应根据主播特点，选择与其能力对应的内容结构模式。

❶ 讲故事

在直播时，主播可以讲述行业故事趣闻、从业经历、客户故事，以此吸引直播间观众深度了解产品周边信息，提高成交转化率，增加观众停留时长。例如，某三农直播账号在直播初期不断地讲述自己因为孩子对部分农产品过敏，不能食用，导致营养不良，所以产生了自己生产优质安全农产品的想法，从而走向了三农创业的故事。

2 秀过程

在直播过程中，主播可以展示产品生产过程、生产环境、与厂家合作洽谈过程，此举能有效提高用户的信任度。比如上文中提到的三农直播账号，把直播场景设置在农作物大棚中，给观众展示日常的农产品生产过程，并且亲自试吃来印证产品的安全性，能够吸引用户的关注并增强其信任。

3 教知识

在直播时，主播可以讲述行业内幕、产品使用建议、质量判断等，此模式需要主播具有较高的行业专业度。这样不仅能提高用户的信任度，还能增强用户黏性。例如，某主播在带货智能手机时，为了更直观地表现该手机的拍照效果，在直播间讲解如何设置拍摄参数和拍摄构图技巧。

4 说产品

除了以上几点，主播也可以讲述产品功能效果、产品特色卖点、产品服务特色等，此模式为直播电商内容基础模式，门槛相对较低。如果单纯使用"说产品"模式，就会使内容较单一，同质化也会比较严重。

5.4.2 直播内容呈现形式

直播间的内容呈现形式需将画面与文案内容相结合，根据主播和产品特点，营造出最易被用户接受的内容表现方式。常见的直播内容呈现形式分为以下 4 种。

1 单一呈现形式

单一呈现形式是指在直播中全程使用主播自身画面或产品画面，如图 5-14 所示。这种模式内容枯燥，对用户缺乏吸引力。目前运用的单一呈现形式主要是在全程产品画面的基础上加上讲解配音，直播内容为事先录制好的视频，进行循环播放。其优点是可以大大增加直播时长，甚至达到不用下播的效果。

图5-14　单一呈现形式

❷ 画中画呈现形式

画中画呈现形式是指画面由两个窗口组合而成，如图 5-15 所示，一个画面展示人物，一个画面展示商品。如果内容以人物为主，则大窗口展示人物，小窗口展示商品，反之亦然。直播由于镜头纵深有限，在展示商品近景时主播很难同时出现在画面中，画中画形式能有效解决该弊端。但这种形式的缺点同样明显，那就是画面整体性不强。

❸ 轮换呈现形式

轮换呈现形式是指在直播时根据需要切换镜头。通常主画面以主播为主，当需要展示商品近景细节的时候，画面切换到商品。比如在直播中，当主播与观众互动时，画面停留在主播身上，而开始介绍商品时，画面则切换到商品上。该形式虽然保持了内容的整体性，但由于频繁切换画面，用户需要根据画面不断调整思考方向，容易产生精神疲劳和视觉疲劳。

❹ 平台共现形式

平台共现形式是指在直播时根据内容需要使用运镜手法，尽可能让主播和商品同时出现在画面中，如图 5-16 所示。该形式是目前最常见的一种直播形式，也是效果最好的直播形式。

图5-15　画中画呈现形式

图5-16　平台共现形式

5.4.3 优质直播的特性

优质直播都具备一定的共同特性,比如以下几点。

- 直播预告策划精准且发布渠道多。
- 直播时长较长,通常在 6 ~ 8 小时,通过拉长直播时间触达更多用户。
- 参与直播人数多。在直播时通常多人出镜,除了主播和副播,还有产品专家和特邀嘉宾等,目前优秀的直播间已经很难看到单人直播。当然,主播能力强也是重要特征。

> **大师点拨**
>
> 直播对主播有着很高的体力要求,通常优秀主播每天直播 6 小时。如果希望在 6 小时之外继续增加直播时长,可以运用"换人不停播"的策略。在无特殊情况和平台强制要求停播的情况下,账号可以始终不停止直播,可以让主播定时轮班。

• 课堂范例 •

如何设计直播电商策划思维导图

通过前面几章的学习,读者已经对开展直播电商工作有了一定认识。下面我们将带领读者对前面学习的知识,形成一份直播电商策划思维导图。通过制作思维导图,读者对直播电商的认识能够更加系统化。思维导图的设计可以手写,也可以利用思维导图软件。

如果选择利用思维导图软件,我们以 Xmind 软件为例,具体的操作步骤如下。

步骤 ❶ 在电脑端打开 Xmind 软件,单击"新建空白图"按钮,如图 5-17 所示。

步骤 ❷ 通过"插入"→"主题"命令分别创建"选品""账号设计""主播定位""消费者分析""内容定位""团队建设""流量来源"七大主题。如图 5-18 所示。

步骤 ❸ 通过"插入"→"子主题"命令分别完善七大主题对应的内容,如图 5-19 所示。

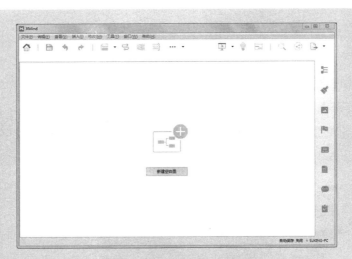

图5-17 Xmind初始界面

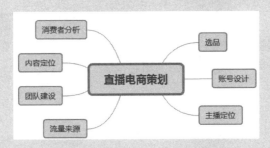

图5-18 创建七大主题

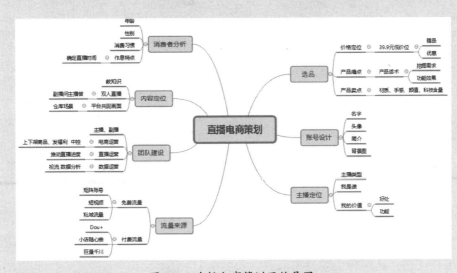

图5-19 直播电商策划思维导图

5.5 如何打造直播 IP

"IP"原意是指"知识产权"(Intellectual Property),而网络中常说的 IP 是指包含内容、人物、特色等要素,经过高度提炼的一种符号。移动互联网时代常说的 IP 化就是符号化、标识化,也是一项重要的营销工作,如品牌 IP 化、人物 IP 化、IP 品牌化。简单理解就是,IP 是具有记忆点和较高认知度的一个物体。

IP 可以是一个人、一本书、一个系列电影、一个品牌、一个虚拟形象,甚至是一种行为习惯。如图 5-20 所示,人物、内容、意义、特点是构成 IP 的重要因素。所谓的孵化直播 IP 就是指培养出一个具有特点且广为流传的直播账号或主播。

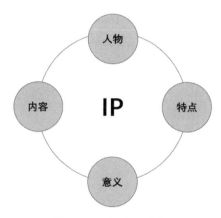

图5-20　IP的重要因素

5.5.1 ▶ 打造 IP 的必要性

IP 是一种符号、一种标识,在移动互联网时代,超级符号就是超级营销。所有 IP 都具有超高识别性,甚至能通过一个 IP 想到一个行业、一种商品、一种现象,这就是 IP 的关联性,它能够高效地将内容与用户进行连接。在直播电商领域,IP 的价值逻辑是从认识到熟悉,然后通过大量的内容输出使粉丝产生信任感,从而产生联想与消费,如图 5-21 所示。

图5-21　IP的价值逻辑

优秀的IP具有以下几个特性。

❶ 高识别性

高识别性是一种竞争差异化的体现。在众多的直播间中，粉丝为什么能记住你？有需要的时候怎么才能想起你？答案是只有高识别性才会让你与众不同。比如同为优秀钓鱼人IP，化绍新老师始终以戴草帽的形象出镜，久而久之，当观众看到戴草帽的钓鱼者时就会联想到化绍新老师，而草帽就成了化绍新老师具有高辨识性的视觉识别特点。

❷ 高信任度

前文中我们讲过，生意的本质是解决信任问题。IP经过认识、熟悉的过程后，粉丝会对其产生信任感。试想一下，在日常生活中当你需要办一件事、买一样商品时，往往会搜索熟悉的人或品牌，这就是在寻找信任感。

❸ 高传播性

高识别性与高传播性就如同一对孪生兄弟。IP一旦形成，会迅速扩大影响力，将内容价值快速传播。移动互联网时代一夜爆红的案例比比皆是。

5.5.2　多维度打造直播IP

打造IP和人设定位有一定的相似之处，但在定位选择上需要不断强化用户印象。通俗来说，找到一个特点不断持续输出，让这个特点成为一种符号、一种个人标识。打造直播IP可以从以下几点着手。

❶ IP人设

同人设定位一样，IP也需要根据主播特点选择一个直播类型。但在IP人设打造的过程中，必须坚持人设方向持续输出，主播需始终以此人设出现在镜头中。IP人设打造是一种主播的人格强化。直播IP人设类型主要包括专业型、产品型、故事型、气氛搞笑型，比如"网红律师"罗翔通过长期发布讲解法律条款和典型案例的内容，成功打造出一个法律领域的专业型 IP。

② 视觉识别性

营造直播 IP 视觉识别性，是一种视觉强化行为。人类对事物的第一感知方式是"看到"，这就是常说的"第一印象"。主播的视觉强化主要通过服装、饰品、妆容等来实现。如图 5-22 所示，主播始终穿着壮族民族特色服饰出镜，使观者逐渐形成一种视觉记忆，是一个打造视觉识别性的典型案例。在打造视觉识别性的过程中，不必面面俱到，应该选择一项能够突出主播特点的方向，不断进行强化。

图5-22 主播视觉强化

> **大师点拨**
>
> 视觉强化也会带来人设强化效果，上例中的少数民族服饰既强化了视觉效果，增强了主播识别性，也强化了主播少数民族的人设定位。
>
> 此外，在账号的设计中，同样可以用到视觉强化效果。例如，账号头像采用拟人化的卡通头像，同样可以增强识别性和趣味性。

③ 动作识别性

动作识别性也称为"肢体语言"。主播在直播时常用的一些动作行为，也会使观众产生记忆性。通过不断地应用该肢体语言，主播就形成了个人的识别性。比如抖音网红"小 × 哥"，他在直播和拍摄短视频时，经常使用夸张大叫的肢体动作，这就是加强动作识别性。这个动作成了"小 × 哥"的专属符号，只要看到这个动作行为就会想到"小 × 哥"，所以，通过一个特殊的动作来加强用户记忆，也属于视觉强化的一种类型。

④ 语言识别性

从事主播工作需要优秀的语言表达能力，但常规的产品介绍、专业讲解同质化严重。优秀的主播通常会使用个性化的语言来吸引用户关注。语言识别性可以体现为一句口头禅、一段幽默的自我介绍或者一种独特的语气，就如同我们熟悉的电商主播李×琦，他在直播间中介绍商品后常会用到一句"oh my god，买它、买它"。现在大家只要听到这句话就能联想到李×琦，这就是强化语言识别性带来的魅力。

5.6 直播间的搭建原则与禁忌

优秀的直播间布置能让直播效果更好，直播间搭建最重要的是布景而非设备。布景的选择需要与主播人设、商品特点的其中之一吻合，要为消费者营造舒适的消费环境和体验感。

5.6.1 ▶ 直播间的人、货、场

人、货、场是一场直播的三大核心要素，三者环环相扣，互相支撑。

1 人

"人"是指整个直播团队，并非单指主播一个人。直播电商的转化在于"人"的能力，但直播间效果很大程度上取决于主播能力，优秀主播往往能给直播间带来人气。同样的商品、同样的价格与活动，不同直播间的转化效果不尽相同，这就是主播能力带来的差异。

主播作为一场直播的灵魂，其工作强度也是整个团队中最大的。目前主流直播团体对主播的要求都是单日直播6小时以上，可见直播工作是对主播体力和智力的双重考验。

2 货

"货"是指直播电商所售商品和商品背后的供应链。表面看直播电商是在比拼流量、比拼主播热度，实际上最终比拼的还是供应链能力，这就是电商行业常说的一句话"直播电商实际上是一场'供应链'的游戏"。俗话说，"好的商品会说话"，所以优质商品有时会自带流量，甚至还能提升主播热度。

通常，优秀的"货"需要具备成本优势、品牌优势和数量优势。其中，成

本优势是指进货成本与其他商家相比较低，利于支撑各种营销活动。品牌优势是指所选商品本身具有品牌知名度，这样更利于吸引用户下单。而数量优势就是指货源充足，这样才能惠及更多的用户。

直播电商的商品组合也很重要，一般组合模式是：引流款→利润款→憋单款。

引流款商品是指给店铺和直播间带来更多流量的商品。这类商品通常价格较低，利润也较低，甚至没有利润或者会造成亏本销售。因此，引流款商品不是直播电商利润的主要来源。

利润款商品是指利润较高的商品，其作用是为直播间或店铺带来主要的销售利益。

憋单款商品又称为追单款商品，是指电商在直播中通过促销手段吸引用户停留观看并完成下单动作的商品，同时憋单款商品还能起到增加用户停留时长的作用。

> **大师点拨**
>
> 憋单是一种直播运营手段，憋单是指商家憋着一段时间不放单，以此来吸引用户驻足，留下更多的人员和流量。直播电商进行憋单时需要憋单话术与憋单商品相结合。
>
> 在直播时上架憋单商品需要注意时机，当直播间在线人数较高，但销售转化率没达到预期时，代表用户观望的情绪比较明显。这个时候做憋单，就可以延长新入场观众在直播间的停留时长。

3 场

"场"是指直播间的场景搭建，作为"人"与"货"的载体，需要贴合主播与商品特点，尽可能营造"高大上"的氛围。线上消费同线下消费一样，用户会为舒适的环境买单。直播间是用户第一眼的观感体验，用户进入每个直播间里面感受到的氛围都是不一样的。一个脏乱差的直播间不能留住用户，更不可能转化消费。因此，要用心布置好直播间的场景，来吸引更多人气和流量。

5.6.2 ▶ 搭建直播间的禁忌

直播从业者经常把直播间比喻为卖场，确实如此，直播电商就是把线下商城搬到了线上而已。直播间作为一个卖货场所，需要干净整洁，切勿脏乱差。如同商城一样，直播间也应该光线充足，切勿阴沉暗淡。

另外，在选择直播场地时应尽可能选择面积较大的场地。带货直播不同于娱乐直播，带货直播一般需要陈列展示大量商品，在直播过程中镜头也可能需要推拉移动，场所还需容纳多位后台工作人员。因此，狭小的直播场地不利于开展工作。

> **温馨提示**
>
> 直播间装修时需要进行隔音处理，在直播时出现明显噪声会让直播效果大打折扣。在选择直播场地时，要注意场地的纵深。因为直播画面比例一般为9∶16，画面宽度有限，较好的深度能使画面更有层次感，可以有效提升观看体验。

5.6.3 热门直播间的类型

根据商品和直播特点的不同，直播间的选景布置也有所差异。目前常用的直播间类型如下。

① 虚拟直播间

虚拟直播间是指通过绿幕抠图将预先设计好的图片作为直播背景的一种直播间类型，多用于大型不宜展示商品、知识类商品的直播和大品牌自播。图5-23所示是一个关于汽车销售的虚拟直播间。当前热度极高的"交个朋友直播间"就是采用绿幕虚拟背景。这种背景在更换内容时极其简便，大大节省了布置场景的时间、物料、人力成本。

② 仓库直播间

仓库直播间是指将直播间设置在商品仓库。通过仓库场景表现商家的供应链能力，给用户一

图5-23　虚拟直播间

种占到便宜,而且货源可靠没有中间环节,有品质保证的感觉,如图5-24所示。

3 户外直播间

户外直播间是指直播场地设置在户外。这类直播间多用于农产品、户外用品的直播,如图5-25所示。这类直播间主要通过还原生产场景和应用场景,提升观众的直观了解度和信任感。

4 卖场直播间

卖场直播间是指直播间搭建为商城货架背景,营造一种商城购物的氛围,是目前使用最多的直播间类型之一,如图5-26所示。另外还有一种T台直播间,主要用于服装类直播。

5 生产环境直播间

生产环境直播间是指直播间搭建在生产车间,如图5-27所示。这种直播间能直观地让观众看到商家处于供应链源头,没有中间商赚差价,商品价格比较优惠。此外,真实的生产过程能够提升观众的信任度。

图5-24 仓库直播间

图5-25 户外直播间

第5章 直播电商的选品与策划

图5-26 卖场直播间

图5-27 生产环境直播间

• 课堂范例 •

如何避免直播间搭建的三大"坑"

虽然"人、货、场"是电商直播的三大要素,但最终的直播画面却需要硬件设备进行传输。我们这里所讲的直播间搭建的三大"坑"就是指影响直播画面质量的三大因素,即帧率、分辨率、清晰度。如果在直播时出现画面卡顿现象,可按照以下步骤进行优化设置。

步骤 ❶ 在PC端打开"抖音直播伴侣"软件,选择"直播设置"选项,打开"直播设置"对话框。

步骤 ❷ 选择"视频"选项,将分辨率设置为1280*720,视频码率设置为4000,帧率设置为30,如图5-28所示。帧率不是越高越好,如果网络带宽和图像采集设备性能有限,帧率过高同样会造成画面卡顿。以上这些设置可以保证画面的清晰度,且不会造成画面卡顿。

图5-28 视频输出设置

5.6.4 直播间物料清单

工欲善其事，必先利其器。在直播行业同样如此，一场直播会涉及大量物料。为避免在直播时出现手忙脚乱的情况，这些物料必须事先根据直播需求进行准备。特别是一些小物料，容易被忽视，但在实际直播时却可能作用巨大。很多新直播团队缺少经验，由于物料缺失，使直播时出现卡顿，影响直播效果。

通常，直播间主要物料如表5-1所示。

表5-1 直播间物料清单

物料	数量	备注
直播手机	1	直播画面采集
备用手机	1	备用
电脑	1	直播中控
平板电脑	1	提词器，查资料
圆形补光灯	2	固定补光
手持补光灯	1	移动补光
手机支架	2	稳定画面
手机充电线	2	

续表

物料	数量	备注
数据转接线	1	
充电宝	1	
A4打印纸	50	记录直播事件
签字笔	3	
马克笔	3	

课堂问答

通过本章的学习，读者对直播电商的选品与策划有了一定的了解，下面列出一些常见的问题供学习参考。

问题1：如何将公域流量转化为私域流量？

答：目前私域流量的载体主要为微信和自有商城平台。要想将公域流量转化为私域流量，在运营时可借助每个与公域用户正面接触的机会，向其传递进入私域的方法和渠道，比如在账号介绍信息中添加微信号。在转化过程中提供价值引导，能使转化变得更加容易。

问题2：请简要介绍选品渠道

答：选品渠道分为线下渠道和线上渠道两种。线下渠道主要为各类批发市场和大型展会。主流的线上渠道包括阿里巴巴批发网、义乌购、抖音"精选联盟"等。

问题3：直播电商选品应该遵循哪些基本逻辑？

答：直播电商选品不能按照运营者的个人喜好进行，应该首先调研分析商品的市场规模、销售价格、进货成本、品牌影响力和商品的消费频次。

课后实训

根据选品逻辑筛选 1 个商品,并进行选品评分

通过本章内容的学习,请读者结合任务分析及任务步骤来完成实训任务,以巩固本章所讲解的知识点及实操应用。

【任务分析】:首先需要根据供应链优势选择售价与进货成本价差较大的商品。其次根据账号自身特点,确定主播人设,选择与主播人设吻合或主播熟悉的行业领域的商品。最后则是尽可能选择品牌知名度较高的商品。

【任务目标】:熟练掌握选品逻辑和抖音"精选联盟"选品方法。

【任务步骤】:具体操作步骤如下。

步骤❶ 在手机端打开抖音小店或抖音小黄车,在"精选联盟"中选择"选品广场"。

步骤❷ 在"商品分类"中根据主播人设初步选定商品类目,如图 5-29 所示。

步骤❸ 通过直播数据分析平台如蝉妈妈来查看商品榜,先考虑售价与进货成本价差较大的商品,然后按照榜单排序,选定 1~2 个带货商品。

步骤❹ 按照本章 5.2.3 小节的内容,填写"多维度选品评分表"。

图 5-29 商品分类

 知识能力测试

本章讲解了流量与直播电商策划的相关事项,为了对知识进行巩固,请读者完成以下练习题。

一、填空题

1. 淘宝、抖音、京东等大型互联网平台都拥有数亿用户，这些平台上的用户属于＿＿＿＿流量。

2. 电商选品应着重考虑商品的市场规模、＿＿＿＿、成本因素、品牌因素和＿＿＿＿五大因素。

3. 直播电商的＿＿＿＿呈现形式，是指画面由两个窗口组合而成，一个展示人物，一个展示商品。

4. 选择"高颜值"的商品进行直播带货，往往会有较高的销售转化率，其主要具有＿＿＿＿和＿＿＿＿两大优势。

二、判断题

1. "人、货、物"是直播电商的三大要素。（　　）

2. IP可以是一个人物，也可以是一本书、一部电影甚至是一种现象。（　　）

3. 直播间搭建需要与主播风格形成反差，以此来吸引观众眼球。（　　）

三、选择题

1. 在分析自身优势时，（　　）是需要重点分析的项目。

  A. 竞争对手　　　　　　B. 平台优势

  C. 工作时间　　　　　　D. 家属意愿

2. 以下哪点不属于IP的特性？（　　）

  A. 高传播性　　　　　　B. 高识别性

  C. 高复购率　　　　　　D. 高信任度

3. 直播电商常见的内容定位形式不包括以下哪种？（　　）

  A. 讲故事　　　　　　　B. 教知识

  C. 说产品　　　　　　　D. 表演才艺

第 6 章
直播电商话术与主播能力的培养

主播是一场直播中的灵魂。目前每天全网有数十万场的直播开展,在如此激烈的竞争中,主播需要不断提高自身能力,才能在竞争中取得优势。本章将指导读者认识主播需要具备的各项能力,以及如何培养各项能力。

学习目标

- 熟悉不同风格的主播
- 掌握打造主播外形的方法
- 掌握主播的各类直播话术
- 掌握主播能力的评估标准

6.1 直播电商话术

直播带货其实与传统售货员在摊位上叫卖有点相似,两者都需要运用煽动性的语言,营造消费环境,激发消费者的购买欲望。类似"走过路过不要错过,9.9 元两件,只卖一天"等叫卖话术,同样适用于直播电商,我们把这类叫卖话术称为"直播话术"。在实际直播工作中,直播话术又可细分为直播间留人话术、直播间互动话术、直播间成交话术、直播间追单话术、直播间转款话术等。

主播岗位对语言表达的能力要求很高,因此,要掌握一些直播电商话术。通过编写和反复熟悉直播间话术,可以做到熟能生巧,逐步提高表达能力。

> **温馨提示**
>
> 提高主播语言表达能力和心理素质的最好方法就是多说、多讲。通常主播在经历 20 场直播后就能轻松自如。
>
> 新人主播在实际直播中经常会遇到直播间零观众的情况,这时仍然需要按照直播脚本进行直播,所有话术也需要全部表述。这种方法既锻炼了表达能力,也提高了心理素质。在直播间无流量时,主播也要切忌懒散。

6.1.1 直播间留人话术

留人话术的作用是让观众更长时间停留在直播间,增加停留时长就可以增加消费机会。直播间留人话术通常有两种类型,分别是激发观众好奇心和利益引导。我们将这两大类型进行整合,总结出以下几种留人话术模型。

(1)"设置任务,强调福利"模型,具体来讲就是鼓励观众帮助直播间达成一项直播数据后,主播将在直播间发放对应的粉丝福利。这种模型不仅可以增加互动性和提高观众停留时长,还能为直播间带来更多的流量。

(2)"量化福利,明确价值"模型,通常也是引入福利款商品的话术,这种模型也可以与"设置目标,强调福利"模型相结合。

（3）"强化用户行为"模型，是鼓励直播间观众完成一个行为动作。

（4）"突出价值，设置目标"模型，该模型用于增加用户在直播间的停留时长，通过设置一些小目标让用户感受到价值，从而能够持续关注。

（5）"诱发好奇心"模型，该模型很容易理解，就是通过神秘福利激发用户好奇心，从而增加用户停留时长。

常见的直播间留人话术如表6-1所示。

表6-1 直播间留人话术

话术样例	话术解释
大家动动可爱的双手给主播点个小心心，点2000后我们将送上一个大大的福袋	设置任务，强调福利
现在我们直播间有974人，人数到了1000，我们上一个原价199元的商品，现在1元秒杀，一共30份	量化福利，明确价值
刚进直播间的宝宝们，左上角的福袋大家去抢一抢	强化用户行为
再过5分钟就到了本场第2次抽奖环节，奖品是10份价值59元的商品	突出价值，设置目标
大家给主播点赞啦，再点1000个，公布本场神秘大奖到底是什么。稍微透露一下，价值1099哦	诱发好奇心

6.1.2 直播间互动话术

当我们在线下购物时，经常会被人头攒动的店铺或摊位吸引。这种店铺有一个特点就是声音嘈杂，消费者不断询问、咨询商品相关信息，整个店铺人声鼎沸，热闹非凡。这同线上直播间评论区不断刷屏很相似。主播通过巧妙的互动话术引爆评论区，可以有效提高直播间人气，并带来更多流量。

在实操过程中，互动话术主要有价值驱动模型、热点话题模型、熟人效应模型、引导关注模型等。其中，价值驱动模型与留人话术中的"设置目标，强调福利"模型相似；热点话题则是在直播间抛出近期热门话题吸引观众参与讨论；熟人效应是赋予部分观众特殊身份的亲切感感，以此来吸引更多观众参与互动；引导关注模型是找到用户关注的点，引导其转成私域流量。

常见的直播间互动话术如表6-2所示。

第6章 直播电商话术与主播能力的培养

表6-2 直播间互动话术

话术样例	话术解释
还在直播间的宝宝扣1啊，我会随机截屏，截中的账号送礼品哦	用价值引导用户行为
最近天气太热，我们这儿都快40度了，有没有不想吃饭的宝宝？我们下一个链接绝对让你胃口大开	引导热点话题讨论
我看到直播间有很多老粉丝，老粉丝请扣一波666，我们上福利	熟人效应
感谢×××的礼物，您加一下粉丝牌，您的问题一会儿客服会私信给您回复	引导关注，引导成为私域流量

> **温馨提示**
>
> 流量会主动向一个流量热区集中，使原本的流量区越来越大，其他流量区越来越小，这就是流量的"趋热性"。

6.1.3 直播间成交话术

直播的最终目的是成交商品，所以，增加互动、提高人气、增加停留时长等都是为提高成交转化率而服务的。很多新主播在直播时沉醉于直播间人气，而最终形成的转化有限，这往往是成交话术能力较弱的表现。带货主播应始终以成交转化为核心目的，尽可能避免在直播间与粉丝闲谈，所有的互动交流都应该与商品相关。

常见的直播间成交话术如表6-3所示。

表6-3 直播间成交话术

话术样例	话术解释
这个价格真只有100单了，抢完马上恢复原价，千万不要错过	突出商品价值感，限时限量
这个商品在某宝上售价49元，大家可以去看下。今天我们直播间只卖29元，而且还送价值9.9元的赠品一份，还有价值19元的赠品一份。相当于29元买了49元的商品，另外两个还没花钱	价值对比，强调优惠
这款产品全网卖了100万套，货源很紧俏，今天抢不到的宝宝们可能要等一段时间了	突出稀缺性

续表

话术样例	话术解释
今天这款外套抢的人太多，大家可以先加入购物车，把坑占住	引导加入购物车
30元就能买到，可以使用两个月，相当于每天才花5毛钱	转换价值单位，强调性价比

6.1.4 直播间追单话术

追单话术是指当用户犹豫不决时，通过合理引导，促进用户加快消费决策。有消费行为学分析，在网购中下单支付环节用户流失率高达30%，这部分流失的用户是对前面所有工作成果的一种浪费。而合理的追单话术能大大降低流失率。

常见的追单话术如表6-4所示。

表6-4 直播间追单话术

话术样例	话术解释
数量有限，最后50件，大家看中赶快拍1号链接，且买且珍惜	限量销售
这个价格只卖最后1分钟，时间到就下链接，亏多少我们都认	限时销售
在活动中没有抢到的朋友，可以去我们的店铺直接购买，不要忘了领优惠券	优惠引导
大家不要有顾虑，产品支持7天无理由退货，收到货如果不喜欢直接免邮退回	售后服务引导
大家不用想，直接下单，全网最低价，买高补差价。稳赚不赔，不要错过	价格对比，突出承诺

6.1.5 直播间转款话术

直播转款话术是指当前商品销售时间结束需要销售下一件商品时，运用合理话术让直播间用户停留，并持续关注下一款商品。转款话术的核心是给用户传递"机会不能错过两次"的信号，也是直播内容承上启下的关键。

常见的直播间转款话术如表6-5所示。

第6章 直播电商话术与主播能力的培养

表6-5 直播间转款话术

话术样例	话术解释
抢到鱼竿的小伙伴，是不是还需要鱼线？下面的鱼线同样是大力度优惠，大家不要走开，马上给大家带来第二款福利商品	关联消费
刚才没有抢到的朋友，不要着急，马上为大家上第二款优惠商品，大家手速快点，不要再错过了	提示二次机会
刚才在评论区说要××商品的宝宝，大家再点1000个小心心，点到马上给大家上链接，不废话，原价69元，现在直接39元买一送一	利用与观众互动，传递转场信息

大师点拨

大家仔细观察可以发现，以上直播话术中大量出现数字信息，如1000个、49元、1分钟、买1送1、50件……这是因为直播中的商品功能、品质、味道、材质、科技含量等介绍传递的是一种模糊信息，用户不能准确感知其价值。但数字是可量化、有标准的一种信息，能让用户清晰认知其价值。所以在编写直播话术时应大量使用数字内容。

•课堂范例•

运用4个技巧编写直播间留人话术

让用户留在直播间是一场直播的基础，也是直播间互动、转粉、消费等行为的前提条件。即使是新人主播也必须熟练掌握直播间留人话术。掌握以下4个技巧，新人主播也能让直播间人气满满。

技巧1：价值承诺

时间是有价值的，观众停留在直播间就是一种价值输出。主播可以通过邀请观众完成一个动作，并给予回报奖励的方式，增加用户停留时长。例如："大家可以点点我们的粉丝牌加入粉丝团，领取一份电子学习资料。"人都有占便宜的心理，往往不是要求商品价格一定要便宜，而是想要一种占到便宜的快感。就像很多打折促销的商品价格并不一定很低，但用户却趋之若鹜。

技巧2：制造悬念

人类因为好奇不断探索世界，并推动文明进步，而付出的成本就是一代又一代人类的时间。从某种意义上讲，好奇心的多少决定了求知欲的大小。在直播中留人话术同样如此，如"10秒钟后，我将为大家送上一份神秘大礼"。如此简单的一句话，就能换来观众10秒钟的停留时间。

技巧3：制造话题

有话题就有互动，有互动就必定会增加用户的停留时长。而且围观群众也会参与到话题中来，增加面积停留时长。主播尽量不要主动发起话题，因为如果话题选择不当，未能激起观众反馈会显得尴尬，直播气氛也会迅速冷却。正确的做法是观察评论区观众的言论，选择有吸引力和热度的话题进行回复，并邀请其他观众参与讨论。由此可见，要想成为一名优秀的主播，需要极宽的知识维度和极高的应变能力。

技巧4：设置目标

通常，容易得到的东西都不会珍惜。如果直播间福利满天飞，红包随便领，那么用户领完福利后会马上离开直播间，从而让卖货内容无人问津，这种行为不是在发福利而是在做慈善。设置目标有两层含义，其一是为观众设置领取福利的门槛，如"点满1000个小心心，上福袋"。用户需要花费点1000个小心心的时间，换取领福袋的机会，这是一种正常的价值交换。其二是主播为观众设置停留时长目标，如"1分钟后，5折优惠"。用户需要明确等待1分钟才能有5折购买商品的机会，而主播又多出1分钟时间去介绍商品。在设置停留时长目标时，切勿不切实际，如"10分钟后，上福袋"。因为福袋带来的价值诱惑不足以花费10分钟的时间成本，这种话术反而会加速观众流失。

6.1.6 ▶ 直播间其他话术

直播中除了以上核心话术，还有一些其他环节的相关话术。

① 预告话术

预告话术是将接下来的直播内容进行重点提炼，并提前告知粉丝观众的一种话术。其目的是让下场直播能够拥有更多的粉丝观看，例如："今天下午

5 点是我们的年货专场，一共 6 款年货大礼包，全部一线品牌，最低 39.9 元。另外还给大家准备了 1 元秒杀手机的福利活动，抢完礼包抢手机，开开心心过大年。"

❷ 开场话术

开场话术简单讲就是直播的"开场白"，主要是对本场主要直播内容的一个汇总告知。例如："欢迎大家来到×××的直播间，今天是美妆专场，一共有 4 款商品，全部是×××品牌，全场 5 折，感兴趣的宝宝们千万不要错过。另外我们每卖出 1000 件商品，就开启一次特别福利秒杀活动，9.9 元秒杀，一次 50 份。大家千万不要离开直播间，以免错过秒杀活动。废话不多讲，马上带来我们的 1 号商品。"

❸ 下播话术

下播话术是一场直播的结束语。例如："感谢大家捧场，再过 5 分钟就下播了，最后再给大家来一波福利。希望大家今天在直播间玩得开心，买得高兴。"

> **大师点拨**
>
> 在直播时通常将下播话术与预告话术进行整合。在直播即将结束时，既与直播间观众进行告别，同时也对下一场直播的内容进行预告，这样可以有效刺激观众持续观看直播。

6.2 主播能力的培养

直播是一种通过图像、声音展示内容的营销活动，对主播综合能力有着较高的要求。主播除了自身的特长，语言表达能力、外形条件、心理素质、应变能力、知识维度也是非常重要的能力要求。另外，职业素养也是主播需要不断培养的核心能力。

6.2.1 ▶ 主播外形塑造

主播的形象需要与其自身特点和主播定位相吻合。主播"颜值"各有不同，但在仪容仪表方面都应该做到干净整洁，让直播间观众感觉到舒适。带货主播不同于娱乐主播,在外形上不能通过故意蓬头垢面来博眼球。因为在带货主播背后还有品牌、产品形象,谁都不愿意购买一款让人感觉邋遢的商品。

主播发型应本着整洁的原则进行设计,女主播可以考虑用一些特殊发饰作为个人标识,但切忌过于复杂。在着装上,女主播可以选择符合自己身材特点的服装,尽量做到扬长避短。男主播着装应该尽量正式,如果是销售服装类商品,可以直接穿着商品服装,这样可以更好地展示商品,能让观者直观也了解商品的上身效果。

> **大师点拨**
>
> 女主播可以通过具有一定包裹感的服装来展示身材。但不能暴露,对身材轮廓的勾勒也不能太过清晰,否则直播间会有被封禁的风险。这是一个注意力经济的时代,要想维持影响力和热度,就必须要有一定的特点,无论是实力还是"颜值"。对于"颜值",优秀的外形条件更容易快速获得粉丝认同,因此,越来越多的网红主播选择通过改变自己的形象来吸引粉丝。

6.2.2 语言表达能力锻炼

在直播时,主播需要不断地说话或者表演,经常会超过 4 小时。主播这个工作主要就是考验从业者的语言表达能力。我们经常看到优秀的主播在直播间口若悬河,滔滔不绝数小时。优秀的口才并不一定是天生的,通过后天的锻炼同样可以拥有伶俐的口齿。掌握以下 3 个要点,对于语言表达能力影响很大。

❶ 语言逻辑

语言逻辑是指能否把一件事情用通顺的语句来表达清楚。在锻炼时可以将需要表达的事件按照先后主次关系进行梳理,不断强化记忆,做到烂熟于胸。

❷ 语速与停顿

语速过快并不一定代表口才好,有的时候说话太快了,会导致咬字不清晰,粉丝听着也会不舒服,只会增加听众的理解难度。虽然部分主播语速较快,但是能够表达清楚,让观众听得懂,那也没有关系,最重要的是要掌握好停顿的节奏,适当的停顿也是在提高表达的效果。所以在直播的时候,语速快慢并不重要,自己适合什么样的语速就选择什么样的语速,但是要注意有停顿。

第6章 直播电商话术与主播能力的培养

3 语调

语调是指说话时声音有轻重缓急或抑扬顿挫的变化，能够表达一定的语气、情感和态度。在直播时不要像复读机一样重复地说话，这样会缺乏感染力，得不到观众的共鸣。优秀的主播往往在讲到重要的地方都会习惯性地提高自己的语调，一方面是为了强调，另一方面是为了调动观众的情绪，感情到位了，观众才会有更加深刻的印象。

> **大师点拨**
>
> 提高语言表达能力的方法还有很多。但无论什么方法，都需要不断练习，从而做到熟能生巧。在此给读者提供两个快速提升语言表达能力的小技巧。
> （1）对着镜子进行演讲，这种方法可以直观感受到自己演讲时的状态，并快速做出调整。
> （2）将自己的演讲内容进行录音，反复听取录音内容，并进行修改优化。

6.2.3 心理素质锻炼

在直播时，主播每天都会面对形形色色的人，直播间也会出现各种状况，有令人欢欣鼓舞的，也有令人气愤郁闷的。面对种种情况，主播首先需要具备自信的心理素质。培养自信心最好的方法就是多直播、多去接触与处理各种直播状况，当储备足够的直播时长后，自信心也就自然而然地建立起来了。

除了自信心，主播还需要保持平常心与宽容心。主播与网红仅仅是一份工作，并不会高人一等。俗话说"众口难调"，直播间难免会有难听的语言和诋毁的声音。此时主播需要具备宽容的心态，不要进行争论，毕竟粉丝才是支撑流量的基础，与粉丝发生正面冲突绝非明智之举。

6.3 主播能力进阶

在掌握直播各类话术并勤加锻炼，有效提升语言表达能力和心理素质后，我们还需要了解优秀带货主播的评判标准和各项能力模型，以及不同类型主播的特点，从而选择一条最适合自身特点的发展方向。

6.3.1 主播类型分类

主播应分析自身特点，扬长避短，找到一种最适合自己的直播表现风格。在众多的主播类型中，并没有优劣之分，只有直播风格与主播自身是否匹配。各类直播风格中的主播均有佼佼者，下面我们认识下主流的主播类型有哪些。

❶ "颜值"型主播

"颜值"作为流量密码中非常重要的一点，对流量具有强大的吸引力。"颜值"型主播基本适用于所有内容的直播间，毕竟"爱美之心，人皆有之"。如果是服装类、美妆类直播间，"颜值"型主播就更具有优势，如图6-1所示为"颜值"型主播。

❷ 才艺型主播

在直播间进行才艺表演，能增加用户在直播间的停留时长，也可以作为一种粉丝福利，提高直播间的互动。才艺型主播一定要做到"敢秀"和"用心"，如图6-2所示。

图6-1 "颜值"型主播

图6-2 才艺型主播

3 气氛型主播

气氛型主播擅长运用幽默的语言或搞笑的行为来带动观众情绪,兴奋的情绪对于冲动消费无异于"火上浇油"。"疯狂××哥"就是最具代表性的气氛型主播,如图6-3所示。

4 专业型主播

专业型主播需要具备所售商品行业内系统的知识结构。通过语言描述深度分析商品,甚至带领用户识别商品质量,了解行业内幕。专业型主播对主播能力要求最高,在目前主播中占比最少,同时也是与用户建立信任最强的一种主播类型,如图6-4所示。专业型主播几乎适用于所有商品的直播带货工作,他们能从材质选择、生产工艺、研发过程、产品历史、科技含量、行业趣闻等多方面诠释商品的价值。特别是对科技类商品具有更强的销售引导作用,比如汽车销售、电子产品销售等。

图6-3 气氛型主播

图6-4 专业型主播

6.3.2 主播的 5 大禁忌

在主播综合能力以外,还有一些职业规范需要主播去遵守。例如,很多直播间本来人气很好,却突然流量变少,一下就冷清了,有的甚至被平台直接封禁,发生这种情况大多都是因为主播违反了职业规范或触犯了直播禁忌。下面为大家罗列几条特别严重的主播职业禁忌。

1 与观众发生正面冲突

在直播间要用语文明,切忌与观众发生口角,辱骂观众。"人上一百,形形色色",优秀直播间的观众成千上万,如此大数量的人群,大家的喜好和价值观肯定有所差异,难免会有个别观众攻击主播的情况发生。遇到这种情况,主播切忌与观众发生正面冲突。如果实在忍无可忍,可以请直播运营人员将攻击主播的观众"踢"出直播间。

2 互动面狭窄

在进行直播互动时,主播切忌只与固定的几位观众产生互动。主播需要有较强的亲和力,尽可能互动范围更广。当主播与观众互动时,观众会感受到尊重和认同,有利于提升信任度和转化率。

3 脱离直播脚本

主播虽然需要较强的应变能力,但切忌在直播时脱离直播脚本,完全自由发挥。这种行为不仅无法保证直播效果,还会造成团队管理混乱的麻烦。这是一种既不尊重观众又不尊重团队成员的行为。

4 直播时间混乱

直播带货应该坚持在固定时间段内开展工作,不要随意更改开播时间和直播时长。主播更要注意,切忌在直播时随意离开镜头和断播。主播是直播间的主角,如果主播离场,那么观众肯定也会离开,这样直播间的人气就会下降,销售转化自然也就不理想。而断播则是直播规划与组织欠缺的表现,容易给观众留有直播组织者"不靠谱"的印象,降低观众对账号和主播的信任度。

5 穿着浮夸

网络并非法外之地,主播在直播时切忌穿着浮夸和过于暴露。直播电商虽然是一种商业行为,但也需树立良好的形象,净化社会风气。

6.3.3 优秀主播能力模型

在实际的直播工作中,根据能力可将主播可分为初级主播、中级主播、高级主播。对于不同等级的主播,各项能力要求也不尽相同。一般刚开始从事主播工作的称为初级主播,直播 6 ~ 12 个月的主播应满足中级主播能力要求,而高级主播不仅从业时间长,对行业理解也非常全面。

1. 初级主播

通常,初级主播的总体直播时长在 200 小时以内,能够理解直播脚本中的主要内容,清楚主播岗位职责,能够按照直播计划进行直播,并按照事先准备的商品卖点介绍商品。

- **表达能力要求**:完整阐述话术文稿中的内容。
- **产品知识要求**:了解产品功能及卖点,并能完整介绍产品。
- **心理素质要求**:不受外界影响,完成直播脚本中的内容。
- **直播控场要求**:通常不做要求。

2. 中级主播

中级主播的总体直播时长通常为 200 ~ 1000 小时,能够掌握直播脚本中的全部内容,能够对脚本中的计划、要点进行把控,能够熟练掌握商品卖点。在直播时不仅能按照计划完成直播内容,还能在与观众互动时根据观众反应合理表达观点,具备一定说服力,且具有一定粉丝基数。

- **表达能力要求**:熟练掌握所有直播话术。
- **产品知识要求**:熟悉产品功能及卖点,能准确回答观众问题。
- **心理素质要求**:能引导观众参与各直播环节。
- **直播控场要求**:能合理处理直播间突发事件。

3. 高级主播

高级主播的总体直播时长超过 1000 小时,能够参与直播脚本设计,具备优化直播脚本的能力,熟悉直播电商各个环节,能够迅速领会团队和粉丝意图并做出合理反应。在直播时能够对各类突发、复杂事件进行客观分析,并迅速做出正确应对,具备较大的粉丝基数。

- **表达能力要求**:设计直播话术,并根据实际直播情况进行合理应变。
- **产品知识要求**:熟悉产品功能及卖点,掌握行业信息和周边知识。

- **心理素质要求**：根据实际直播情况优化直播内容，带领团队完成直播工作。
- **直播控场要求**：能预见恶性事件的发生，并合理应对。

> **温馨提示**
>
> 成为高级主播需要大量的时间累积。对于高级主播，不仅要求直播能力强，还需对整个直播工作甚至直播行业具有深刻认识，需具备既能当导演又能当演员的能力。

6.3.4 主播自评标准

在直播行业，对主播的工作能力有具体的评分办法，通过量化去除主观因素，对主播能力进行准确评估。在评估中主要通过职业素养、表达能力、形象动作、互动能力、应变能力、转化能力等多个维度进行评测。主播可以通过主播能力评分表来测试自身能力，如图6-5所示。

维度	考核点	细则	评分
	单项最高10分，最低0分		
职业基础	直播时长	单日开播不低于6小时	
	守时	准时开播，无迟到早退	
	外形适当	服饰妆容合理	
	开播前准备	熟悉直播脚本和商品卖点	
	团队配合	默契度高，无须提示	
	直播应变	处理突发事件和恶意攻击	
	直播节奏	按照计划完成全部直播内容	
直播情绪	神态与肢体语言	情绪饱满，具有亲和力	
	触犯禁忌	未违反直播行为规范	
	产品展示	对商品的展示	
语言表达	语言禁忌	未违反直播用语规范	
	产品讲解	合理熟练地讲解产品功能与特点	
	引导互动	引导关注、点赞、评论分别不低于5次	
	直播涨粉	单场直播涨粉数量大于2000	
	引导下单	引导观众下单不低于10次	
下单转化	GMV	按计划完成单场消费转化	
总分			

图6-5 主播能力评分表

第6章 直播电商话术与主播能力的培养

课堂问答

通过本章的学习,读者对如何提升主播能力有了一定的了解,下面列出一些常见的问题供学习参考。

问题1:专业型主播的特点和适合的销售商品类型主要有哪些?

答:专业型主播往往具备极强的行业知识,在所售商品领域从业多年,对产品的认知维度远远大于普通消费者,甚至是行业内专家。专业型主播几乎适用于所有商品的直播带货工作,他们能从材质选择、生产工艺、研发过程、产品历史、科技含量、行业趣闻等多方面诠释商品的价值。特别是对科技类商品具有更强的销售引导作用。

问题2:什么是预告话术与下播话术?

答:预告话术是将接下来的直播内容进行重点提炼,并提前告知观众的一种话术。下播话术是一场直播的结束语,在直播时通常将下播话术与预告话术进行整合。即在直播即将结束时,不但要与直播间观众进行告别,还要对下一场直播的内容进行预告。

问题3:主播在直播时应尽可能避免哪些行为的发生?

答:主播作为公众人物,在直播时需要使用正面行为传递正能量,避免穿着浮夸和暴露、与观众发生正面冲突、只与极少数观众互动、脱离直播脚本自由发挥等行为的发生。

 课后实训

编写适合自身特点的直播间话术文稿

通过本章内容的学习,请读者结合任务分析及任务步骤完成实训任务,巩固本章所讲解的知识点及实操应用。

【任务分析】：假设主播为新人主播，直播带货商品为一款"麻辣小龙虾"和一款"冷吃牛肉干"。话术需包含留人话术、互动话术、成交话术、追单话术和转款话术，并针对各话术设置对应的目标。

【任务目标】：熟练掌握各类直播话术的撰写技巧。

【任务步骤】：具体步骤如下。

步骤❶ 学习两款商品的产品资料，找到产品的特点与卖点。

步骤❷ 根据商品卖点编写商品介绍话术。

步骤❸ 设置直播间留人话术目标，并编写留人话术与互动话术。

步骤❹ 根据任务目标编写成交话术、追单话术和转款话术。

步骤❺ 根据编写的各项话术填写直播话术表。话术文稿模板样例如图6-6所示。

项目	目标	话术内容	备注
留人话术	全场点赞破20000		分多次设置目标
互动话术	评论区热度		
成交话术	总成交30单		
追单话术	1号商品成交10单		
转款话术	2号商品成交20单		

图6-6　话术文稿模板

知识能力测试

本章讲解了主播能力要求和培养方法，为了对知识进行巩固，请读者完成以下练习题。

一、填空题

1．主播需要较强的应变能力，但切忌在直播时_____直播脚本，完全自由发挥。这种行为不仅无法保证直播效果，还会造成团队管理混乱。

2．科技含量较高的产品，需要主播具备较深的行业知识。_____型主播最为合适。

3. 各大直播平台对主播的着装有着严格要求，主播切忌着装_____和_____。

4. 高级主播总体直播时长通常_____1000小时，能够参与_____设计，具备优化直播脚本的能力。

二、判断题

1. 在直播中如果直播间暂时没有观众，主播可以暂时休息，等待观众到来。（   ）

2. 直播间留人话术和互动话术都能有效增加直播间人气、提高观众停留时长。（   ）

3. 才艺型主播只能从事娱乐主播工作。（   ）

三、选择题

1. 以下哪种类型的主播不是从事直播带货工作的主播类型？（   ）

  A. 才艺型主播 B. 游戏类主播

  C. 专业型主播 C. 气氛型主播

2. 以下哪位主播不是专业型主播？（   ）

A

B

C   D

3. 在直播带货中即将进入下一个商品销售环节时，主播需运用（　　）承上启下，引导观众继续留在直播间。

   A. 直播间成交话术 B. 直播间互动话术

   C. 直播间留人话术 D. 直播间转款话术

第7章 直播电商的实施与执行

直播电商在执行时需要团队合力,各个岗位各司其职。整个直播计划需要有严谨的逻辑,还需要根据商品的属性灵活调整流程。前面几章我们介绍了直播的准备和策划工作,本章将带领读者学习直播计划安排与直播脚本撰写。

学习目标

- 熟悉直播中的各流程环节
- 掌握直播电商快速起号的方法
- 掌握直播计划的设计方法
- 掌握直播脚本的编写方法

7.1 认识直播流程

前面章节中所介绍的选品、策划、主播能力培养均为整个直播的前期环节。在整体直播计划中最为重要的是直播执行阶段,也称为直播中期环节。除此之外还有直播结束后的售后服务环节,我们称之为直播后期环节。

7.1.1 ▶ 通用直播流程

直播流程是对直播电商工作的整体规划,通常包括前、中、后三个阶段。无论是达人带货还是店铺直播,前期的准备工作都基本相同,主要是选品、直播策划、直播间布置、直播方案撰写。

但两者也有不同之处,主要表现在主播方向上。达人带货需要根据商品特点选择合适的主播,并通过商务谈判达成直播合作。而店铺直播需要对主播进行招募和培训。所以读者需要根据实际直播类型,灵活规划直播流程。两者在直播中、后期的工作内容都相同,均为直播执行、售后服务和直播复盘。

具体的直播流程通常如表7-1所示。

表7-1 直播流程

阶段	类目	项目	工作内容
前期	商品选择	商品选品	分析具体市场、价格、卖点、粉丝匹配度
		合作洽谈	进行商品谈判,熟悉商务条款
		合同签订	了解合作细则
		样品分析	了解实物质量特点及卖点分析
	主播选择	达人选择	根据达人热度和消费者匹配度,选择达人
		达人合作谈判	了解合作时间、分佣方式、违约责任
		主播培训	主播能力培养、主播人设定位策划
		产品培训	达人或主播熟悉商品价格、卖点、质量
	开播准备	商品准备	商品上架、详情页制作、吊牌制作、手卡制作
		直播间布置	根据商品和主播特点布置直播间
		直播内容策划	直播时间、直播内容、直播细则、直播脚本

续表

阶段	类目	项目	工作内容
中期	直播执行	直播测试	设备物料调试
		直播预热	短视频预告、账号矩阵预告、账号简介预告
		直播前商品陈列	直播间商品布置
		直播团队	熟悉中控、场控的团队分工
		主播开播	根据直播脚本开始直播
后期	售后服务	订单发货	根据订单安排物流发货
		售后服务	退换货及投诉处理
	直播复盘	直播数据分析	销售数据分析、直播间运营数据分析
		优化方案	根据数据分析优化直播方案

大师点拨

在选择达人带货直播模式时，需要注意达人收费。达人带货有三个收费项目。

（1）坑位费。该费用为达人收取的固定费用，根据达人的热度和带货能力，一般为几千元至数十万元。部分小主播也提供免坑位费带货。

（2）销售佣金。该费用按照销售金额约定比例给达人支付提成，退货金额同样计入销售金额。

（3）后续销售佣金。该费用主要指达人在进行带货后一段时间内，对于商品所得的销售金额同样需要按照约定比例给达人支付佣金。目前只有个别热度极高的带货达人收取此项费用。

7.1.2 ▶ 直播计划

直播计划区别于直播电商工作流程，它是将直播电商各工作流程进行细化，并分配具体工作人员和规定完成时间。直播计划是一种可执行的工作细则。

直播计划包括直播流程中的全部项目，团队需按照直播计划进行分工并有条不紊地开展工作。直播计划最大的特点是对各个环节进行目标设置、时间节点设置和具体的人员分工。以主播培训为例，工作流程细化如表7-2所示。

表 7-2 主播培训计划表

序号	项目	培训时间	讲师	培训内容	培训目的	备注
1	直播基础	1月30日 9:00—12:00	张老师	行业介绍、注意事项、直播环境与设备介绍、直播流程	了解行业发展与现状	还需详细了解直播脚本
2	心理素质培养	1月30日 14:00—2月1日 17:00	李老师	心理素质对直播的重要性,以及锻炼心理素质的方法	提高心理素质和应变能力	
3	产品培训	2月2日—2月3日	刘老师	产品的卖点讲解、优势分析、卖点分析方法	熟悉产品卖点并掌握分析卖点的方法	
4	话术培训	2月4日上午	刘老师	讲解留人互动话术	掌握基础留人互动话术	
		2月4日下午	刘老师	讲解产品介绍的话术模型	掌握产品介绍话术	
		2月5日	刘老师	讲解成交话术、追单话术	掌握成交与追单话术	
5	形象塑造	2月6日上午	张老师	主播个性特点分析与提炼、形象塑造	掌握打造主播形象的逻辑与方法	
6	直播团队	2月6日下午	李老师	介绍团队分工、各工种工作内容	熟悉团队,了解各项直播工作对接人	
7	直播实训	2月7日—2月8日	刘老师	模拟直播、实操训练、现场纠错	为首次直播进行演习	

> **大师点拨**
>
> 专业的直播电商团队往往选品丰富,在一定周期内需要对数十样商品进行直播销售。所以在直播计划中,应该对商品进行直播排期计划。2023年1月份的直播安排如表7-3所示。

第 7 章 直播电商的实施与执行

表 7-3 直播排期表

序号	直播时间	主题/类目	选品负责人	直播负责人	销售目标	直播时长
1	1月5日	临期食品专场			25万元	6小时
2	1月10日	女鞋专场			15万元	6小时
3	1月15日	综合商品福利场			50万元	8小时
4	1月20日	×××品牌专场			50万元	6小时
5	1月25日	休闲零食专场			10万元	6小时
6	1月30日	宠粉美妆福利场			80万元	8小时
合计					230万元	

7.1.3 新主播开播流程

成熟主播通过长时间的实战积累，对直播流程与计划不仅了然于胸，甚至还能够随机应变。但对于想从事主播工作的新人，需要按照定制的新主播开播流程进行工作，这也是一项新主播的培训流程。通过专业的岗前培训，考核合格后，新主播才能正式开始直播带货工作。专业直播机构的新主播开播流程如表 7-4 所示。从表中可以看到，作为新主播，在前期主要以培训和实操锻炼为主。对于个人主播，也应该按照这个流程进行开播前的学习与实操锻炼。

表 7-4 新主播开播流程

内容	时间周期	细则	负责人
开播准备	1天	根据主播定位进行定妆，拍摄定妆照片和预告视频	
基础培训	1天	直播流程培训、基础知识培训、熟悉直播环境	
能力培训	2天	表达能力培训、突发事件处理能力培训	
产品培训	1天	产品卖点培训、行业知识培训	
试播	5天	每天直播不低于4小时，两天副播三天主播。实际锻炼表达能力、应变能力	
分析优化	1天	分析试播得与失，优化需要补强的能力项	
正式开播		依照直播计划执行	

7.1.4 新主播快速起号

直播间的人气除了要靠主播的能力，还要靠账号的标签化。因此，能否快速对账号进行标签化也十分重要。虽然很多主播的能力并不差，所售商品也没有明显缺陷，但直播效果却差强人意。这时问题可能就出在直播账号没有贴上精准标签。

对账号进行标签化需要大量的直播时长累计，在完成标签化之前，直播转化率可能会达不到要求。在实际直播运营中有一种快速对账号进行标签化的方法，称为"快速起号"。快速起号可通过以下4个步骤完成。

1 福利专场

新账号在直播商品时需要尽可能遵循低价原则，以保持流量和增长人气。在前几场直播时不应把销售金额作为考核目标，直播间的转化率才是新直播间最重要的运营指标。如果转化率能够超过20%，就是合格的新直播间转化率。

> **大师点拨**
>
> 很多时候新账号的福利专场为了获得更多的关注和流量，直播组织者往往采用亏本营销的策略。因为直播间主要的流量本来就需要通过付费推广获得，所以采用让利消费者而减少付费推广的方法，更易于直播间的口碑传播，也更容易吸引真实的消费者。
>
> 众所周知，直播电商的销售转化数据至关重要，采用福利专场的方式，可以提高直播转化率，并为后续的直播储备流量。

2 开播时间段

新账号直播需要避开黄金时段，即18:00—24:00，特别是在20:00左右最好不要直播。在这个时段虽然观众基数大，但直播账号众多，竞争激烈，流量平均值反而变小了。加之各大直播间疯狂投入付费引流，使新账号可分配流量变得更少。新人主播和新直播间最好的直播时段为6:00—12:00和14:00—18:00。这两个时间段是直播中的非黄金时段，大量成熟主播往往不会在该时间段开播，于是观众选择的空间较少，新账号的流量便多些。并且此时间段平台对转化数据的考核标准也较低，可以有效降低新人主播的直播压力。新人主播可以利用好这个时间段，锻炼自己的直播能力，熟练掌握后再逐步调整到黄金时段进行开播。

第 7 章 直播电商的实施与执行

3 付费投流策略

付费投流是指花钱在直播平台购买推广服务，从而获得流量的一种引流方式。直播平台作为盈利机构，不会完全免费为直播间提供流量，而给直播间销售流量是其核心盈利方式之一。所以直播间的流量由免费的自然流量和付费推广流量两部分构成

付费投流是一种最快速的起号方法，但付费投流也需要掌握一定的技巧。在开播时可创建 3 个直播付费推广计划，每个计划的预算为 200 元，推广时间分别设置为 1 小时、2 小时、3 小时。每个计划的目标都是进入直播间的人数，3 个计划的人群画像设置相同。在 3 个计划结束后，选择其中数据最好的 1 个计划加大投放金额。这是一种低成本快速试错的投流方法，设置 3 个不同参数的投流计划，是为了找出最适合账号的计划参数。如果投流预算充足，也可以将投流计划设置为 5 个不同参数，从中选择 1～2 个效果较优的计划进行加大投入。

4 发福利增加停留时长

这个步骤的主要目的是增加直播间人气。读者可以按照前文中介绍的发放福利的方法增加用户停留时长。新主播和新直播间应该加大福利的发放力度和频次，尽可能吸引观众留到直播间，避免流量流失。

大师点拨

福利专场与直播中发放福利有一定区别。福利专场是指整场直播都是高性价比商品，基本不涉及利润款商品。发放福利是指在直播时发放红包或者优惠券的行为。

• 课堂范例 •

如何编写直播计划表

直播计划表是对直播电商各项工作进行分工、确定达成目标、确定达成时间的工作规划文档，包括前、中、后各个环节。在直播计划表中应尽可能对各项工作进行精确量化，以便对工作成绩进行考核。具体直播计划表可参考表 7-5 来进行编写与制订。

表 7-5 直播工作计划表

工作类别	工作内容	细则	负责人	1	2	3	4	5	6	7	8	9	10	11	12	13
策划定位	市场分析	调研市场，分析竞争对手	市场人员	市场调研	市场调研											
策划定位	主播定位	确定主播风格和输出价值	直播策划		策划定位	策划定位										
商品选款	选品	筛选商品，建设供应链，形成价格壁垒	市场选品													
商品选款	商品定价	确定商品售价和优惠力度	直播策划				定价									
直播策划	内容策划	确定直播内容和呈现形式	直播策划					内容策划	内容策划							
直播策划	活动策划	确定直播优惠活动方案	直播策划						活动							
直播策划	直播脚本	单场直播具体执行方案	直播策划						脚本							
直播间打造	直播选址	依据选品结果和内容策划，选择适合的直播场景	策划执行							选址						
直播间打造	直播间布置	根据策划装修直播间，布置背景和道具	策划执行								装修					
直播间打造	硬件安装调试	安装调试网络、灯光、直播手机、电脑、麦克风	策划执行								设备调试	设备调试				
店铺运营	店铺开通	注册账号，开通店铺	电商运营					账号注册								

续表

工作类别	工作内容	细则	负责人	1	2	3	4	5	6	7	8	9	10	11	12	13
店铺运营	商品卖点分析	分析商品，撰写卖点文案	电商运营						卖点梳理	卖点梳理						
店铺运营	商品上下架	店铺商品上下架	电商运营						商品上下架	商品上下架						
店铺运营	详情页设计	拍摄商品照片、视频，设计商品详情页	运营与美工								详情页设计					
店铺运营	客服服务	售后退换货咨询服务	客服													
直播运营	主播培训	培训各项主播能力	直播运营													
直播运营	主播话术	根据商品和直播内容编写主播话术	主播									撰写话术				
直播运营	引流推广	预告视频、矩阵引流、合作引流、社群运营	直播运营									预热引流	预热引流	预热引流		
直播运营	直播投手	直播间付费流量推广	直播运营												投流	
直播运营	开播	按照直播脚本开始直播	主播及团队												开播	
复盘分析	数据分析	分析各项直播数据	运营与策划													分析
复盘分析	优化方案	根据数据分析优化直播方案	运营与策划													优化

7.2 直播脚本

直播计划是对直播工作的整体规划安排,直播脚本是对单场直播的计划安排。根据不同商品类型,直播脚本也有所差异。但在整体结构上,无论哪种直播脚本都必须包含直播时间规划、商品计划、主播计划、活动计划。如果把直播工作计划看作直播电商的剧本,那么直播脚本就是单场直播的剧本,而直播脚本设计人员就是单场直播的导演。

7.2.1 ▶ 基础直播脚本

基础直播脚本是指适用于大多数直播间的一种单场直播间工作计划。脚本中需要包括直播时间、直播流程、直播预算、人员分工、直播目标、商品价值梳理、主播行为与话术、副播行为与话术

基础直播脚本具备较强的通用性,对新主播或新直播间特别适用。缺点为缺少针对性,不能形成竞争差异,对个别商品的直播效果不能做到最大转化。基础直播脚本的范例如图7-1所示。

7.2.2 ▶ 美妆商品直播脚本

在进行美妆类商品直播时,由于商品有较强的效果展示性,所以在直播脚本中应该更多地设计产品效果现场展示环节,特别是用妆前后效果的对比。比如在直播带货粉底时,可以用副播作为模特,将副播脸部一半使用粉底一半不使用粉底,然后向观众展示左右脸的差异。所以在设计美妆类直播脚本时,应该多加入产品对比展示环节,如表7-6所示。

直播主题	开播福利专场				
直播目标	在线人数达1000人，总销2000单，GMV为40000元	播出日期 18:00—20:00	直播预算 5000元	直播时长 2小时	
时间安排	内容	主播行为	话术 直播助理	场控/中控	目标说明
18:00—18:10	1. 拉人气 2. 拉停留时长 3. 设置福利款上架条件	1. 开场介绍 2. 本场福利商品清单 3. 设置福袋条件 4. 拉人气互动 5. 提示第一款商品上架条件	1. 引导观众主播上品 2. 提示商品上架	1. 上架商品链接 2. 后台操作 3. 付费投流	在线人数达到50人
18:10—18:30	1. 一号福利款上架 2. 卖点分析介绍	1. 产品展示 2. 价格及优惠介绍 3. 二次降价 4. 追单成交	1. 提示商品互动 2. 配合商品展示	1. 修改价格 2. 修改库存	上架200份，售罄
18:30—18:35	1. 设置转款福利 2. 拉人气	1. 设置互动福利 2. 设置福袋款条件	1. 清理直播桌面 2. 提示主播直播福袋 3. 发放直播福袋	1. 处理一号商品订单 2. 准备福利款商品	直播间人数达400人
18:35—19:00	1. 利润款上架 2. 商品卖点介绍	1. 产品介绍、痛点分析 2. 产品展示 3. 价格及优惠介绍 4. 二次降价 5. 追单成交	1. 提示商品桌面 2. 配合商品展示 3. 引导观众下单	1. 修改价格 2. 修改库存 3. 上架利润款商品	上架1000份，售罄
19:00—19:10	1. 设置转款福利 2. 拉人气	1. 设置互动福利 2. 设置福袋款条件	1. 清理直播桌面 2. 提示主播直播福袋 3. 发放直播福袋	1. 处理利润一号商品订单 2. 准备二号福利款商品	直播间人数达600人
19:10—19:30	1. 二号福利款上架 2. 商品卖点介绍	1. 产品介绍、痛点分析 2. 产品展示 3. 价格及优惠介绍 4. 二次降价 5. 追单成交	1. 提示商品互动 2. 配合商品展示 3. 引导观众下单	1. 修改价格 2. 修改库存 3. 上架二号福利款商品 4. 付费投流	上架500份，售罄
19:30—20:00	1. 拉观众停留时长 2. 互动拉人气 3. 二号福利款上架 4. 商品卖点介绍	1. 与观众互动 2. 设置福袋条件 3. 产品介绍、痛点分析 4. 产品展示 5. 价格及优惠介绍 6. 二次降价 7. 追单成交	1. 发放福袋 2. 与互动 3. 提示商品互动 4. 配合商品展示 5. 引导观众下单	1. 处理二号福利款订单 2. 修改价格 3. 修改库存 4. 修改三号福利款商品 5. 上架三号福利款商品	上架300份，售罄

图7-1 基础直播脚本

表 7-6 美妆商品直播脚本

脚本内容	商品对比	
	×××口红	×××香水
直播价格	48.8元	29.9元
主流电商销量	34853	75289
市场售价	76.6元	69.9元
时间	20:15—20:25	20:30—20:40
内容结构	卖点价值＋产品展示＋现场试用＋效果展示＋追单优惠	痛点引入＋卖点价值＋产品展示＋现场试用＋效果展示＋追单优惠
直播话术		
封面标题	清凉夏季，淡雅唇色	夏日的味道，行走的荷尔蒙
执行细节	副播配合大量展示使用前后效果	突出价格优势

7.2.3 服装商品直播脚本

服装类商品同美妆类商品相似，都具有极强的效果展示性，在直播时，可以运用大量上身效果进行展示。例如，可以通过两位身材相似的模特，让其中一位试穿后与另一位进行对比。服装类商品的直播脚本可以使用与美妆类商品相似的撰写方法。

7.2.4 数码商品直播脚本

数码商品由于其可视化效果较弱，在脚本细节中应着重考虑与同类商品的对比，主要比较价格、性能和材质。在展示环节应尽可能推进镜头，让观众能够更加直观地感受到商品细节。在主播选择上，专业型主播更加适合数码商品直播。常用的数码商品直播脚本如图7-2所示。

直播脚本

直播主题	直播日期	直播时长	
智能手机	X年X月X日	X小时	
直播时间	直播目标		
20:00—24:00	单量X件,GMV		
主播	助播	嘉宾	
XXX	XXX	XXX	
本场卖点	品牌大放送,折扣大礼		

时间	事件	引导目的	配合权益	话术关键词	主播	助播	场控	备注
20:00—20:05	开播福利	让粉丝每日回访	抽送10片手机钢化膜	每天晚8点,开播就抽奖	引导回访	热场	操作抽奖、发公告	
20:06—20:10	开播造势	让粉丝留本场回访	10万点赞就抽999元优惠一位	先付款再参与,抽中才有效	引导添加粉丝团	热场	操作抽奖、发公告	
20:11—20:25	剧透产品	让粉丝留下来	每个产品的优惠力度	限时限量	介绍产品	补充产品介绍+展示		
20:26—20:50	产品详解	成交转化	原价4999,现在3980	产品卖点	介绍产品	补充产品介绍+展示		
21:00—21:05	中场福利	粉丝停留、活跃气氛	听歌识曲、回答正确就送XX				引导	
下一个产品								
最后20分钟	返场演绎	成交转化	产品优惠	帮用户省钱、算账,促下单	刺激用户购买			
最后5分钟	下期产品预告	下期回流	送礼品XX、开播抽奖	每晚8点,开播抽奖	引导下期见			
最后1分钟	强调关注	涨粉			引导关注			

图7-2 数码商品直播脚本

7.2.5 食品商品直播脚本

食品类商品是在直播电商中销售的为数不多的可食用产品，用户都比较关注其安全性，在购买时都会比较慎重。因此，在直播脚本的撰写中，需要着重描述商品的安全性、卫生性、生产环境、产地等因素。在写食品类直播脚本时，可以使用基础直播脚本作为框架进行撰写。但在商品展示和主播互动环节，应该更多地展示信任背书，有一种比较常见的方法是比照国家食品安全条例逐一介绍。

7.2.6 母婴商品直播脚本

母婴类商品与食品类商品有一定的相似之处。用户往往也最关心商品使用的安全性、卫生性，此外还有商品材质与效果展示，例如，在进行尿不湿直播时，就可以通过实验展示尿不湿的吸水性效果，同时也体现出了商品材质。对于母婴商品直播脚本的撰写，也可使用基础直播的脚本框架。

> **温馨提示**
>
> 基础直播脚本的适用性很广，几乎适用于所有类目的商品直播，对直播的各个环节都有着明确计划。新主播和新直播间应尽可能按照基础直播脚本结构进行撰写，等熟练后再进行融会贯通。

• 课堂范例 •

直播脚本常用的 5 种类型

根据商品类目和特性的差异，商品展示和主播互动的侧重点也有所区别。总的来说，直播脚本常用的类型有对比型、价格型、品牌型、效果型和科技型。

1. 对比型

对比型是指在直播中主要通过同类或异类对比，展示商品特点。通过与同类商品进行对比，能让观众更加清晰地认识商品卖点。常见的对比方式有对比价格、对比成分含量、对比销量、对比材质等。这种对比型的脚本几乎适用于所有类型的商品。

2. 价格型

价格型是指通过价格优势来吸引观众。对于商品的很多卖点，用户并不能直观地感受到，但大家往往对价格比较敏感，具有优势的价格更能在第一时间吸引到观众。这种类型的直播脚本适用于具有价格优势的商品或福利场直播。

3. 品牌型

品牌型是指商品本身具备明显的品牌影响力。这种类型的直播往往自带流量，在直播脚本中应该更多地体现品牌价值和信任背书。

4. 效果型

效果型是指使用后能够快速见到效果的商品，这种效果必须是肉眼可见的变化。这类商品在直播脚本设计中需要设置大量实验环节，使观众对效果的感受更加明显，主要适用于化妆品、服装等类型的商品。

5. 科技型

科技型是指商品具有较高的科技含量。观众往往对所谓的科技含量认知度较低，在直播脚本设计中可大量引入行业知识和专业术语，增加观众的信任度，主要适用于数码产品、电子产品等。

7.3 直播结束后的工作内容

直播结束后的工作主要包括订单处理、售后服务和直播复盘。直播电商售后工作是用户体验的重要组成部分，通过营销推广引导用户下单并不意味着直播电商工作的结束，只有完成好售后服务才能为一场直播画上完美的句号。

> **温馨提示**
>
> 在第9章的直播复盘中，我们将带领读者深度学习直播复盘的方法。

7.3.1 ▶ 直播订单处理

订单处理是指消费者下单支付后,要选择合适的快递,尽快安排发货到达,发货时要保证商品完好。对于不同类型的商品,在发快递时也有不同的注意事项,例如,玻璃制品要注意提醒易碎,文件类要注意提醒防潮,等等。

直播电商运营者要根据订单信息安排订单发货的流程,以京东店铺为例,订单处理具体流程如下。

步骤 1 在手机端打开并登录"京东商家版"APP,选择"订单",如图7-3所示。

步骤 2 打开订单列表,如图7-4所示。根据订单信息,尽快安排物流发货。

图7-3 京东商家版

图7-4 订单处理界面

7.3.2 ▶ 直播电商售后服务

直播电商售后服务主要由售后咨询、投诉处理和评价处理构成。

售后咨询是指直播电商客服工作人员回答消费者关于商品使用、物流、礼品等方面的问题。

投诉处理是指直播电商客服工作人员应对和处理消费者关于商品质量、服务质量、物流速度、退换货等方面的问题。

评价处理是指直播电商客服工作人员通过沟通和好评活动引导消费者对商品和服务给予好评,从而提高店铺好评率。

• 课堂范例 •

使用抖店售后工作台进行高级查询

抖店售后工作台是抖音直播电商专属的售后工具,主要用于订单发货处理、退换货处理、维修处理、仲裁处理等,具体处理项目如图7-5所示。

图7-5 抖店售后工作台处理项目

抖店运营者可以运用售后工作台进行高级查询及各类售后处理。高级查询的具体操作步骤如下。

步骤 1 在电脑端打开并登录"抖店"应用程序，在"抖店"首页的"售后"选项中选择"售后工作台"，如图 7-6 所示。

步骤 2 在"售后工作台"页面中，单击"展开"按钮，如图 7-7 所示。

步骤 3 进入高级查询页面后，按照订单搜索需求填写查询参数，如图 7-8 所示。填写完成后单击"查询"按钮即可。

图7-6 抖店售后工作台入口

图7-7 售后工作台高级搜索入口

图7-8 高级查询参数录入

第 7 章 直播电商的实施与执行

课堂问答

通过本章的学习，读者对直播流程和直播脚本撰写有了一定的了解，下面列出一些常见的问题供学习参考。

问题 1：基础直播脚本包含哪几个要素？

答：基础直播脚本适用于所有类型商品的直播，在脚本中需要包括直播时间、直播流程、直播预算、人员分工、直播目标、商品价值梳理、主播行为与话术、副播行为与话术。

问题 2：编写直播脚本有什么价值和作用？

答：直播脚本是一份详尽、可执行的单场直播工作计划，对开播筹备、直播流程、费用预算等都有着明确的规划。通过编写直播脚本，能有效地保障直播效果，并同时通过顺畅有效的直播带来经济收益。

通过本章内容的学习，请读者结合任务分析及任务步骤完成实训任务，巩固本章所讲解的知识点及实操应用。

任务 1：梳理直播计划并填写直播计划表

【任务分析】：该任务需先梳理直播电商工作中的所有环节，并为各环节做出直播计划安排。任务标题未规定具体直播带货商品，所以任务执行中如果涉及直播脚本撰写，应使用基础直播脚本模板。

【任务目标】：熟悉开展直播电商工作的所有环节，并按照表 7-4 的格式完成直播计划表。

【任务步骤】：具体操作步骤如下。

步骤❶ 梳理直播电商工作流程，将具体工作项目按照直播前、中、后进行阶段划分。参照表 7-1 形成直播流程表。

步骤② 结合直播流程表，按照团队配置进行人员分工。

步骤③ 根据实际情况，结合各项工作难易程度，设置各项工作的完成时间节点。

步骤④ 设置各项工作要求细则，并完成直播计划表。

任务2：以华为Mate40 Pro手机为例编写基础直播脚本

【任务分析】：基础直播脚本需要具备可执行性，必须包括直播时间、具体商品、直播目标、直播预算和直播话术。

【任务目标】：通过撰写基础直播脚本，更加全面地认识直播电商工作。

【任务步骤】：具体操作步骤如下。

步骤① 梳理产品卖点，尽可能选择效果反馈快速的商品特点。确定开播时间，尽量避开直播的黄金时段。

步骤② 结合直播预算，设置直播目标。首次直播目标应以人气指数要求为主。

步骤③ 结合商品卖点，设置直播内容。对应直播目标的内容，应以发放宠粉福利为主。

步骤④ 撰写直播话术，多设置拉人气、增加用户停留时长的环节。

步骤⑤ 结合实际情况对团队进行人员分工，并完成基础直播脚本的撰写。

任务3：结合前面两个任务，完成一场直播

【任务分析】：直播过程中主播不能因直播间人气不足而冷场，需要按照脚本要求完成所有直播项目。如果部分环节无观众参与，团队其他人员需临时充当直播间观众，以配合主播完成全部直播内容。直播时长不得低于2小时。

【任务目标】：通过直播检验基础直播脚本设计的合理性与可行性。

 知识能力测试

本章讲解了直播流程和直播脚本撰写的相关事项，为了对知识进行巩固，请读者完成以下练习题。

一、填空题

1. 直播电商的后期工作主要是_____和_____。
2. 同达人合作进行直播带货，一般需要支付_____、_____和_____。
3. 新主播快速起号的方法主要包括开播_____、避开_____、_____，以及在直播时发放福利增加观众停留时长。

二、判断题

1. 基础直播脚本是对整个直播电商工作的流程规划。（   ）
2. 有计划的付费投流能让账号快速贴上标签，是快速起号的一种方法。（   ）
3. 商品对比型的直播脚本不适用于电子产品的直播销售。（   ）
4. 通过直播计划表可以清晰地了解直播电商各工作环节的进度。（   ）

三、选择题

1. 直播脚本中必须对（   ）进行设置。
   A. 直播目标　　　　　　　B. 目标用户
   C. 达人要求　　　　　　　D. 售后服务细则
2. 服装类商品由于其产品特性，在直播时应多进行（   ）。
   A. 价格对比　　　　　　　B. 效果展示
   C. 行业知识讲解　　　　　D. 成分分析
3. 新直播间最核心的指标是与直播间（   ）相关的各项指数。
   A. 人气　　　　　　　　　B. 违规
   C. 商品转化　　　　　　　D. 打造
4. 直播预算是指单场直播中需要支出的粉丝福利和（   ）成本。
   A. 商品　　　　　　　　　B. 人员
   C. 物流　　　　　　　　　D. 付费流量

第 8 章
直播电商的引流与推广策略

最近两三年火爆的直播是未来数年电商运营的趋势。一场直播是否成功,很大程度上取决于进入直播间流量的多少。流量具有自然吸附的特点,就像滚雪球一样越滚越大。获取初始流量关系到整个直播电商工作的成败。

学习目标

- 认识直播间流量的来源及相关因素
- 掌握直播电商账号矩阵的打造方法
- 掌握直播间的推广与引流策略

8.1 直播流量的来源

要想获得直播流量，就要先知道流量在什么地方。大家通常的认知是，直播流量就是直播平台的用户。这只是一个笼统的认知，我们在此讲述的直播间流量来源是指直播平台中的用户通过什么样的渠道进入直播间，不同平台直播间的流量来源也不相同。总体上流量分为平台内部流量和平台外部流量两种。

其中，内部流量是指平台本身拥有的用户，通过算法机制分配到各个直播间的流量。

而外部流量是指非直播平台用户，通过其他渠道的宣传被吸引到直播间的流量。

8.1.1 抖音直播间流量来源

抖音作为目前最热门的直播平台，可谓家喻户晓。抖音注册用户数量超9亿，几乎包括绝大多数互联网用户，所以抖音直播间的流量主要来源于平台内部流量。这些内部流量主要通过5个渠道进入直播间。

1 算法推荐流量

抖音算法推荐流量是直播间的主要流量，通常占据整个直播间流量的50%以上。平台通过直播间标签和用户标签识别，把直播间推荐给相关用户。除此之外，平台还会根据地理位置推送直播间，比如附近的直播和同城直播。我们平时在向下刷抖音内容时，出现的抖音直播就属于算法推荐流量，如图8-1所示。而我们在抖音首页通过"推荐"入口看到的直播广场也属于算法推荐流量，如图8-2所示。

2 关注粉丝流量

关注粉丝流量主要来源于账号的粉丝数，粉丝越多，直播间的流量也会越多。用户在观看短视频时，抖音平台会主动给粉丝推荐其所关注账号的直播间，如图8-3所示。同时，用户在抖音中的"关注"界面也可以查看所关注账号的直播间，如图8-4所示。这两种方式都会给直播间账号带来粉丝流量。

图8-1 短视频观看直播推荐

图8-2 直播广场推荐

图8-3 粉丝推荐

图8-4 关注栏推荐

第8章 直播电商的引流与推广策略

3 付费流量

付费流量是通过直播间 Dou+ 投放和小店随心推获取的流量。在直播时选择"上热门",即可进入 Dou+ 投放界面,如图 8-5 和 8-6 所示。Dou+ 为用户提供了自定义投放和系统智能推荐两种投放形式,主体账号可根据直播效果需要来选择投放金额和投放方式。

图8-5 直播上热门

图8-6 Dou+投放

• 课堂范例 •

运用 Dou+ 创建直播间自定义投放计划

自定义投放是指直播电商运营者根据账号定位和粉丝画像,在投放时选择目标用户进行精准投放。运用 Dou+ 创建直播间自定义投放计划的具体操作步骤如下。

步骤❶ 在手机端打开抖音APP，在"开始视频直播"中选择"上热门"，如图8-7所示。

步骤❷ 在打开的"Dou+直播上热门"界面中，选择投放金额和需要的直播间数据提升类型，如图8-8所示。

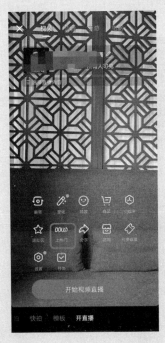

图8-7 直播间Dou+入口

图8-8 选择投放金额与数据提升类型

步骤❸ 在"你想吸引的观众类型"中选择"自定义观众类型"，并在打开的页面中按照需求选择各项观众类型参数，如图8-9所示。

步骤❹ 选择需要的直播间投放推广时长，并完成支付，如图8-10所示。

第8章 直播电商的引流与推广策略

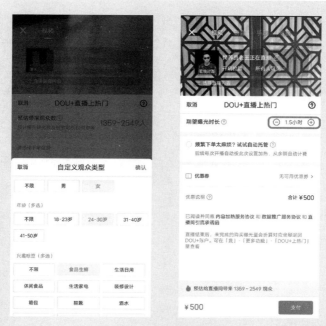

图8-9 选择自定义观众类型参数　　图8-10 选择投放时长完成支付

● 课堂范例 ●

运用 Dou+ 创建直播间快速加热投放计划

快速加热投放是 Dou+ 根据抖音账号标签,自动帮助直播间账号设置目标观众画像参数的一种智能推荐投放方式,直播间账号只需选择投放效果和支付对应的费用即可。这种投放方式特别适合对目标粉丝画像不太清晰的直播间运营者。运用 Dou+ 创建直播间快速加热投放计划的具体操作步骤如下。

步骤 ① 在手机端打开抖音 APP,在"开始视频直播"中选择"直播上热门"。

步骤 ② 进入"Dou+ 直播上热门"页面,在"你想要的加热方式"中选择"快速加热"选项,如图 8-11 所示。

步骤 ③ 在"10 分钟加热套餐"中按照投放预算选择投放金额,并完成支付,如图 8-12 所示。也可选择"自定义加热"选项,在打开的页面中设置任何大于 200 元的自定义投放金额,如图 8-13 所示。

图8-11 直播间"快速加热"　　图8-12 选择快速加热投放的金额　　图8-13 自定义快速加热投放的金额

4 短视频预告流量

短视频预告流量是指通过拍摄的直播预告短视频来获取到的流量。用户观看直播预告视频，对视频内容产生兴趣后会主动进入直播间，如图8-14所示。短视频预告需要在短视频中说明开播的时间和直播的核心利益点，这也是吸引观看短视频用户进入直播间的重点。

5 其他流量来源

这部分流量在直播间总流量中占比较少，主要来源于字节跳动旗下的其他内容平台的推荐，如今日头条、西瓜视频、抖音火山版等，如图8-15所示为今日头条直播推荐。还有一部分来源于抖音商城的电商用户，如曾经在抖店中购买过商品的用户和正在抖店中寻找心仪商品的用户，如图8-16所示。

图8-14 直播预告短视频

第8章 直播电商的引流与推广策略

> **温馨提示**
>
> 目前主流直播平台内的流量来源，与前文介绍的抖音直播间的5个流量来源相同。
>
> 跨平台引流原则上是不被允许的，各大平台都会保护自己的流量，避免流失。比如希望通过抖音账号把流量引导进淘宝直播间，将会被抖音平台封禁内容或账号。

图8-15 今日头条直播推荐

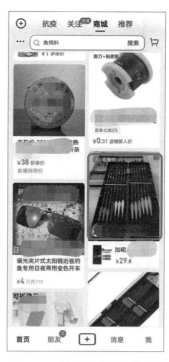

图8-16 抖音商城直播推荐

8.1.2 淘宝直播间流量来源

淘宝作为国内的电商行业领头羊和直播电商发起者，目前仍然拥有巨大流量。如在淘宝平台从事直播电商工作，流量主要来源于以下几个方面。

1 直播推荐流量

这部分流量是按照淘宝的推荐算法分配到各直播间，再根据直播间权重进行流量分配，这些权重由店铺销量、历史热度、转化率、售后服务、主播层级等多个因素组成。其中主播层级是指平台将主播分为新主播、腰部主播、头部主播，每个层级都有着不同的流量扶持。早期流量更加集中于头部主播，随着平台运营策略的变化，目前已经逐步减少头部主播的流量，转而给予新人主播和腰部主播更多的流量扶持。

> **温馨提示**
>
> 　　直播电商主播同其他行业一样，存在着底层、中层、顶层的分级。就犹如金字塔一样，最底层且数量庞大的基本是新人主播，他们往往刚进入直播行业，或者还没有在行业中取得成绩。腰部主播则是直播行业的中层，通常已经进入行业半年以上甚至更长时间。最为重要的是他们已经能够熟练地完成直播带货工作，并取得了较为优异的直播带货销售业绩。头部主播就犹如金字塔的顶端，数量往往不超过所有带货主播的10%。他们在行业中已经是大名鼎鼎，对直播电商行业有着深刻的认知和丰富的经验，并且取得了万众瞩目的销售业绩。直播电商领域的头部主播是炙手可热的人物，是所有品牌商争夺的对象。

2 付费流量

这部分流量是指直播间通过付费推广获取的流量。淘宝直播付费推广主要通过钻石展位投放。钻石展位又称为"钻展"。投放钻展后直播间会在淘宝手机端和网页端进行展示，吸引更多用户进入直播间。在"卖家中心"的"营销中心"页面，选择"我要推广"选项即可找到"钻石展位"，如图8-17所示。

3 直播活动流量

这部分流量是通过参与淘宝平台发起的直播活动获取的流量。淘宝平台会根据不同的节气、节日和营销需求策划官方活动，商家只需要报名参加相应活动就能获得流量扶持。通常

图8-17　钻石展位

在"卖家中心"页面中的"营销中心"下选择"活动报名"选项,即可找到活动列表,如图8-18所示。

8-18 淘宝活动报名

4 站内私域流量

这部分流量是指关注店铺的用户和历史购买用户,店铺主要通过直播预告来吸引观众用户进入直播间。

8.1.3 拼多多直播间流量来源

拼多多作为电商平台的后起之秀,大有赶超淘宝、天猫的趋势。拼多多以拼单、拼团的低价模式,成为深受年轻人喜爱的社交电商平台。拼多多直播的主要流量来源也是拼多多内容用户。

1 免费推荐流量

拼多多采用"千人千面"的流量推送机制,将直播内容与需求用户进行精准推送。消费者搜索自己需要购买的商品,平台就会把相同类目的直播间推送给消费者。这种推送机制与淘宝直播推荐机制相似。

2 付费流量

这部分流量是指拼多多直播间通过付费投放直播间推广而获取的流量。店铺创建直播推广计划并进行投放后,直播间就能在拼多多首页得到更多的展示机会。在"拼多多商家版"中，运营者可以在"店铺"中的"常用应用"下选择"推广中心"选项，然后在"新建推广"页面中选择"直播间"推广即可设置付费推广，如图 8-19 和 8-20 所示。

图8-19　拼多多推广中心

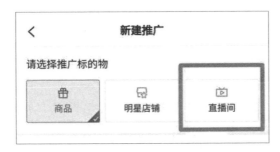

图8-20　新建拼多多直播间推广计划

大师点拨

目前，拼多多不支持自定义直播间推广细则，运营者可以创建多个直播间推广计划，选择其中效果最好的一个增加投放金额，从而实现更高的投产比。

8.1.4 ▶ 其他直播平台流量来源

由于各大直播平台之间的竞争，因此不允许跨平台导流。除非需要导流的平台属于同一家公司，比如字节跳动旗下的今日头条和抖音，阿里巴巴旗下的天猫和 1688。

但在各平台内部，流量都分为免费流量和付费流量两种，小红书、微信视频号、快手、bilibili 皆是如此。免费流量是平台通过算法机制把流量分配给对应的直播间，付费部分则是需要直播运营者根据需求自主创建直播间推广计划。

第 8 章 直播电商的引流与推广策略

 8.2 直播的推广策略

通过前面的学习，读者了解了直播间流量来源的渠道，接着我们就针对以上各渠道开展引流工作。

8.2.1 ▶ 直播前推广引流

直播前引流主要是通过多种渠道发布直播预告和商品预告视频，如图 8-21 所示。以抖音为例，直播前引流的具体操作方法如下。

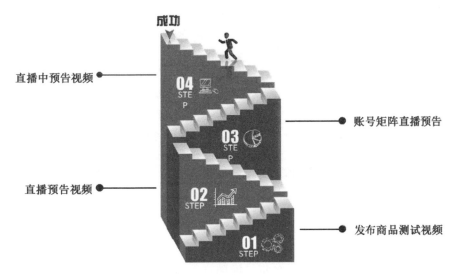

8-21　直播前引流策略

① 发布商品测试视频

在直播前 7 天开始发布相关商品的介绍或种草视频，也就是商品测试视频如图 8-22 所示。每天发布 3～5 条视频，尽可能多地将商品展现在目标用户眼前。此举还另有一个目的：分析测试用户对视频中商品的喜好，把用户关注度高的商品筛选出来作为正式直播的带货商品。

比如某个账号在确定直播计划后就开始发布商品测试视频，视频内容以介绍商品为主，但在介绍商品价格时会比实际直播时略高 10%～15%。此举的目的是测试潜在用户对商品性价比的认同度。如果测试视频没有得到粉丝的积极反馈，那么在直播计划和选品环节就要考虑更换商品或更大幅度调整售价。

8-22　商品测试视频

2 直播预告视频

在正式直播开播前 6 小时发布直播预告视频，每隔 2 小时发布一条。预告视频中需要明确直播时间、特色商品和优惠活动，通过高频次的预告视频不断提醒用户直播相关的信息。直播预告视频如图 8-23 所示。

> **大师点拨**
>
> 运营者可以选择预告视频中数据最好的两条，适当投放 Dou+。投放时可根据直播商品的受众用户画像，选择自定义投放。

3 账号矩阵直播预告

账号矩阵直播预告是指通过其他渠道发布直播预告信息，常用的方法如下。

（1）在账号介绍信息中预告直播，即在账号信息栏填写直播信息，如图 8-24 所示。

（2）在私域社群中预告直播，即在微信群和站内私域群中预告直播信息。

（3）通过跨平台预告直播，即在第三方平台发布直播预告信息，图文和视频形式均可。但需注意文字和语言表达，避免第三方平台判断直播预告内容涉嫌向站外导流。

（4）在站内私信重要粉丝预告直播，即通过站内聊天功能私信粉丝，告知其直播的相关信息。

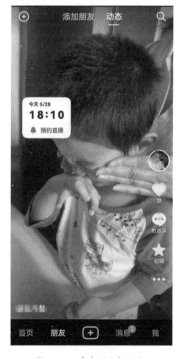

图8-23　直播预告视频

图8-24　账号信息栏直播预告

4 直播中预告视频

直播中预告视频是指在直播过程中，对正式直播中具有吸引力的内容进行视频录制剪辑，并发布到对应的直播平台上。通常直播时每间隔 1 小时发布一段直播视频，这样可以通过视频对直播间进行加热，带来更多人气。

直播流量对短视频流量具有加热效果，也就是说，在直播时，发布时间最新的短视频通常也会获得更多的展示机会。借助直播平台的这一流量推荐规则，有的账号在每次直播时都会安排团队实时剪辑直播精彩片段并发布。利用这一运营技巧，在直播时的短视频播放量比其他时段发布的短视频播放量可平均提高20%，同时观看短视频的观众也会回流到直播间，形成一种直播流量与短视频流量的正向循环。这就是常说的"直播与短视频相互导流"。

8.2.2 制作直播预告视频

目前主流的直播平台均为直播预告提供了专属的预告入口，以抖音为例，制作直播预告视频的步骤如下。

步骤 1 在手机端打开抖音APP，在"我"的页面中选择"直播动态"选项，如图8-25所示。

步骤 2 在直播动态中编辑"直播公告"，填写直播预告相关信息后点击"保存并发布预告"按钮，如图8-26所示。

图8-25 抖音直播动态

图8-26 抖音直播公告

第8章 直播电商的引流与推广策略

步骤❸ 在"直播动态"中的"直播预告"下点击"发布"按钮,如图8-27所示。

图8-27 抖音直播预告发布

步骤❹ 选择开播时间并上传提前录制好的预告视频,填写视频相关信息,选择开播时间,最后点击"发布"按钮,如图8-28和图8-29所示。

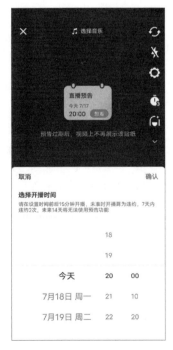

图8-28 选择开播时间

图8-29 抖音预告视频发布

8.2.3 直播付费推广引流

付费推广引流直白点讲就是花钱为直播间买流量。直播电商是一种商业行为，参与各方都需要获得利益才能保证直播电商行业的持续发展。其中，商家通过直播卖货获取销售利益，消费者通过直播间可以购买性价比高的商品，直播平台同样需要获得利益，而付费流量就是直播平台重要的获利方式。

付费流量最核心的功能是流量杠杆，具体来讲就是付费流量把"种子"用户引导进入直播间，平台会接收到"种子"用户在直播间的行为数据，平台基于这些数据，将更多的精准流量推送到直播间。

以抖音为例，电商直播间的付费推广引流主要使用"小店随心推"和"巨量千川"两个引流工具。

1 小店随心推引流

小店随心推是抖音推出的电商专属移动端推广工具，该工具只能推广抖音电商商品，也就是说只有挂"抖店"购物车的短视频和直播间才能使用小店随心推来进行推广。对于抖音商家，小店随心推能提供更加精准的流量，目标消费者针对性更强，投放目标可以是商品下单、商品点击量、商品成交量、进入直播间人数和直播间互动数据等。投放小店随心推后，平台会根据你选择的目标，把直播间推送给消费意愿更强的用户。小店随心推投放计划的创建与 Dou+ 推广计划的创建方法相似。

> **大师点拨**
>
> 小店随心推与 Dou+ 的区别在于：Dou+ 是抖音内容加热工具，投放目标只能是直播间人数和直播间互动数据；而小店随心推是电商推广工具，投放目标除了直播间人数和互动数据以外，还能选择针对性更强的商品转化目标。投放 Dou+ 直播间推广与投放小店随心推的人气效果是相同的，两者的区别在于 Dou+ 可以推广所有的直播间，而小店随心推只能推广电商带货直播间。

2 巨量千川引流

巨量千川是抖音的电商推广平台，其整体功能更加强大，小店随心推也只是巨量千川中的一个工具。除了投放引流，巨量千川还能对投放数量进行多维度分析，为直播电商运营提供精准的决策支撑数据。与小店随心推不同，巨量

第8章 直播电商的引流与推广策略

千川只支持PC端操作。用户登录巨量千川网站后，选择"竞价推广"即可创建直播间推广计划，如图8-30所示。

图8-30 巨量千川直播间推广

● 课堂范例 ●

如何运用小店随心推创建直播付费推广计划

各大主流直播平台创建付费推广计划的方式略有不同，但在总体上相似度较高。在此我们以抖音直播电商为例，带领读者了解创建小店随心推直播付费推广计划的步骤。

步骤 ① 在手机端打开抖音APP，在"我"页面选择"商品橱窗"选项，如图8-31所示。

步骤 ② 在打开的页面中选择"小店随心推"选项，进入推广计划创建页面，如图8-32所示。

图8-31 进入小店管理

图8-32 小店随心推入口

步骤 ③ 在"小店随心推"页面选择"直播推广"选项后,再在"我希望提升"中选择具体的指标。在此我们选择"成交"作为示例,然后点击"立即推广"按钮,如图8-33所示。

步骤 ④ 进入投放金额选择界面。设定需要投放的具体金额,点击"支付"按钮即可完成支付,如图8-34所示。完成支付后,就可成功创建1条小店随心推直播付费推广计划。

图8-33 创建小店随心推计划

图8-34 设置投放金额

第 8 章 直播电商的引流与推广策略

8.3 打造直播电商账号矩阵

账号矩阵建设是一种直播电商账号的运营方法，是指一个账号主体申请注册多个账号，通过多个账号相互引流，以提高直播的曝光率和转化率。

8.3.1 直播电商账号矩阵的价值

"曝光"是互联网营销的关键。当相同内容通过多个账号进行发布后，就意味着内容中的信息会拥有更多的曝光量。

站在用户的角度，当一条信息多次出现时，用户潜意识会觉得这条信息在当前比较热门。而当这条信息被不同的多个账号进行发布后，用户会觉得这条信息具备较高的可信度。

- 账号矩阵具有多元性。由于账号的基础属性有所差异，所以建设账号矩阵可以吸引不同维度的用户，以此获得更多曝光机会。
- 账号矩阵具有放大性，很多短视频主账号的粉丝和播放量到达瓶颈后，不再增长。此时使用账号矩阵方法可以获得更多的粉丝关注。
- 账号矩阵具有协同性，当多个账号隶属于同一主体时，运营者可以强化互动，增加影响力和信任度。

8.3.2 直播电商账号矩阵的两种类型

在实际运营工作中，直播电商账号分为横向矩阵和纵向矩阵两类。

1 横向矩阵

横向矩阵是指在不同直播电商平台注册多个账号，并发布相似的直播内容。横向矩阵建设的意义在于吸引不同平台的潜在用户，扩大账号在全网的品牌影响力，同时还能规避账号违规，停止运营的风险。图 8-35 和图 8-36 分别是知名三农账号"××耕田"在抖音和快手平台的账号。可以看出两个账号发布的内容基本相同，其目的就是更广范围地触达用户，吸引更多的粉丝关注。

图8-35　横向矩阵抖音账号　　　　图8-36　横向矩阵快手账号

2 纵向矩阵

纵向矩阵是指在同一直播电商平台注册多个账号，并发布相似、相近的内容。纵向矩阵建设的意义在于利用主账号带动子账号迅速获得流量，同时还可以分别打造企业品牌和个人IP等不同的账号类型，提升互动，相互弥补，有效提升粉丝黏性。纵向矩阵也能规避账号违规，停止运营的风险。图8-37和8-38是知识博主"樊××"在抖音上的纵向矩阵账号，可以看出两个账号所发布的内容具有明显差别，其中粉丝较多的为主账号，粉丝较少的为子账号。

> **大师点拨**
>
> 纵向矩阵账号不能发布完全相同的内容，而横向矩阵账号可以发布完全相同的内容。因为同一平台会对所有内容进行查重处理，如果内容相同，后发布的视频会被判定为抄袭，从而限制流量推荐。所以纵向矩阵账号发布的内容需要进行剪辑调整，使两个账号的内容尽可能相似而不相同。

第 8 章 直播电商的引流与推广策略

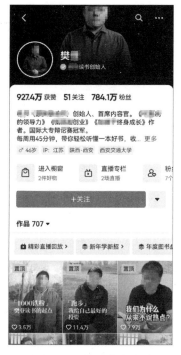

图8-37 纵向矩阵主账号

图8-38 纵向矩阵子账号

课堂问答

通过本章的学习，读者对直播间流量来源和直播间付费引流推广有了一定的了解，下面列出一些常见的问题供学习参考。

问题1：直播间流量来源都有哪些渠道？

答：直播间流量分为付费流量和免费流量两类。免费流量主要包括直播平台根据算法推荐到直播间的流量，以及运营者通过直播预告宣传吸引到直播间的流量。付费流量则是运营者通过创建直播间付费推广计划而获取的流量。

问题2：抖音直播间付费推广方法有哪些？

答：抖音直播间分为内容直播间和电商直播间两种。其中内容直播间的付费推广工具是 Dou+，运营者通过 Dou+ 投放可为直播间加热引流。而电商直播间的主要付费推广工具是小店随心推和巨量千川。

运用巨量千川创建直播间投放计划

通过本章内容的学习，请读者结合任务分析及任务步骤完成实训任务，巩固本章所讲解的知识点及实操应用。

【任务分析】：投放计划选择直播带货，投放时间应以直播开始和结束的时间为投放周期，投放对象应选择与直播所售商品的用户画像相吻合的用户。

【任务目标】：通过实训锻炼，熟悉巨量千川的投放功能和创建投放计划的流程。

【任务步骤】：具体操作步骤如下。

步骤❶ 在电脑端的网页浏览器中打开巨量千川网站，并登录对应的抖音账号，进入管理平台。

步骤❷ 在巨量千川管理平台中选择"竞价推广"选项，如图 8-39 所示。

图8-39 巨量千川竞价推广

步骤❸ 选择"直播带货"和其他推广项目后单击"新建计划"按钮，如图 8-40 所示。

步骤❹ 在新建计划中填写推广出价和每日推广预算，如图 8-41 所示。

图8-40　巨量千川新建计划

图8-41　推广出价和推广预算

步骤 5 填写推广时间,并设定目标用户画像,如图 8-42 所示。然后将推广计划进行命名再单击"发布计划"按钮即可,如 8-43 所示。

图8-42 推广时间和用户画像设定

图8-43 发布推广计划

第8章 直播电商的引流与推广策略

 知识能力测试

本章讲解了直播间流量来源和直播间付费推广的相关事项，为了对知识进行巩固，请读者完成以下练习题。

一、填空题

1. 直播间最主要的流量来源是由直播平台根据_____推荐到直播间的平台_____，通常占比超过直播间流量的50%。

2. _____具有杠杆作用，能为直播间带来"种子"用户。

3. 直播账号矩阵通常分为_____和_____两种。

二、判断题

1. 通过账号矩阵直播预告，可以轻易将其他直播平台的流量引导到需要直播的平台中。（　　）

2. 拼多多直播间也可以使用小店随心推进行付费推广引流。（　　）

3. 在直播预告视频中需要明确直播时间和直播商品。（　　）

三、选择题

1. 巨量千川是字节跳动旗下的广告推广平台，但不能推广（　　）。

　　A. 抖音直播间　　　　　　　B. 今日头条直播间

　　C. 西瓜视频直播间　　　　　D. 淘宝直播间

2. 在小店随心推中可以选择多种投放目标，但不能选择（　　）。

　　A. 品牌曝光量　　　　　　　B. 直播间互动数据

　　C. 商品销量　　　　　　　　D. 进入直播间人数

3. 直播账号纵向矩阵，是指在（　　）开通多个账号，并发布相似内容。

　　A. 同一平台　　　　　　　　B. 不同平台

　　C. 多个平台　　　　　　　　D. 相似平台

199

第 9 章
直播电商的复盘、分析与优化

  总结分析在任何工作领域都必不可少，在直播行业更是至关重要的运营工作。通过直播经营数据和互动数据的分析，可以发现直播工作的得与失，从而为后续直播优化找到数据支撑。本章将带领读者学习直播复盘和直播方案优化的方法。

学习目标

- 认识直播复盘的重要性
- 熟悉直播复盘的数据指标
- 掌握用户数据分析的方法
- 掌握运营数据分析的方法
- 掌握通过复盘优化直播方案的方法

9.1 什么是直播复盘

直播复盘是指对直播间各项数据进行分析总结，旨在帮助直播工作的各环节重现直播表现，还原直播情况，帮助运营者快速发现直播中出现的问题并进行优化，从而提升直播间转化效果。

9.1.1 ▶ 直播复盘的目的

要想让下一次直播效果更好，获得更多的销售转化，那么一场直播结束后的复盘工作就尤为重要。所有优秀的直播机构和直播间，都会在直播结束后借助数据分析工具对直播各环节的数据进行梳理分析，这也是直播电商必要的工作环节和收尾工作。

直播复盘能使直播决策者快速准确地识别直播质量的好坏。通过复盘分析报告，能够一目了然地看到影响直播效果的原因和优化方向。

我们可以把直播复盘的作用总结为 12 个字：强化优势、发现问题、解决问题。

9.1.2 ▶ 直播复盘的关键指标

要进行直播复盘就要先了解哪些数据是需要进行分析的内容。在日常直播中，复盘工作主要将直播数据分为两大类，具体如下。

1 直播用户数据

直播用户数据是指直播间所有与观众行为相关的数据，它体现了直播的观众数量、互动热度等，也就是我们常说的直播间人气指数。直播用户数据主要包括直播间总人数（总 UV）、峰值在线人数（最高 UV）、平均观看时长、增粉量、点赞数、评论数。其中前 4 项尤为重要。

2 直播经营数据

直播经营数据是指一场直播中与商品销售相关的各项数据，它直接反映了直播间的销售能力和商品受欢迎程度。直播经营数据主要包括商品点击率、下单数量、订单付款率、GMV 等。

> **大师点拨**
>
> 主播表现也是非常重要的复盘指标,主要是通过直播回放发现直播过程中的优缺点。对于以上直播经营数据,在直播复盘时不能只分析单个数据,需要对整体数据进行逐一分析,以免被个别优秀数据所蒙蔽。

• 课堂范例 •

如何制作直播复盘分析表

当读者对直播复盘需要分析的具体项目有所了解后,就需要制作直播复盘分析表,以便系统地分析和记录直播细节。在制作直播复盘分析表时,需要有逻辑地把各项直播数据一一罗列,如表9-1所示。

表9-1 直播复盘分析表

主播	直播时长	直播主题	总UV	峰值UV	流量结构	增粉量	平均停留时长	互动人数	商品点击量	付费流量数	成交金额	订单量	转化率	商品点击排行
王XX					自然流量	%								1
张XX					付费流量	%								2
李XX					粉丝流量	%								3
赵XX					预告流量	%								4

9.2 直播数据分析

直播数据分析的逻辑是,直播间流量不足就需要分析流量数据,找到解决办法;商品销售转化率不高就要去分析商品;交易总量未达到目标要求就要从主播能力上找原因。

9.2.1 直播数据收集平台

对于要进行分析的直播数据,我们可以在直播平台的管理后台和第三方数据平台中获取。随着直播行业的火热,相关的数据分析平台如雨后春笋,层出不穷。数据分析平台可追踪监控直播间跨场次数据、主播数据、订单数据、流量投放、投产 ROI、商品分析、互动成交等关键指标,帮助运营者复盘直播过程,对优化直播提供数据支持。优秀的直播数据分析平台目前都能满足对主流直播平台的数据抓取和分析。也就是说,一个数据分析平台能分析淘宝直播数据、抖音直播数据、快手直播数据、视频号直播数据……

常见的第三方直播数据分析平台主要有蝉妈妈数据、飞瓜数据、灰豚数据、新榜数据等。

(1)蝉妈妈数据(如图 9-1 所示)是基于大数据的数字营销服务平台,目前覆盖抖音、快手等多个直播平台。蝉妈妈数据可以帮助用户查询各类平台的直播用户数据和直播经营数据,还能按照周、月和自定义时间段,整理出各种榜单以供用户快捷查询。比如,商品榜、直播榜、达人榜、小店品牌榜……

(2)飞瓜数据(如图 9-2 所示)是一款短视频及直播数据查询、运营及广告投放效果监控的专业工具,提供短视频达人查询等数据服务,并提供多维度的抖音、快手达人榜单排名、电商数据、直播推广等实用功能。

(3)灰豚数据(如图 9-3 所示)是电商直播分析平台,提供多维度主播监测分析,包括直播间带货商品详细数据、各类榜单数据、竞店数据、品牌数据等。

(4)新榜数据(如图 9-4 所示)依托数据挖掘分析能力,建立各直播平台账号的用户画像和效果监测系统,连接品牌广告主和品牌自媒体,用一年时间迅速成长为 KOL、自媒体原生广告的服务商之一,旗下的电商导购服务团队也已成为连接自媒体和供应链的重要桥梁。

图9-1 蝉妈妈

图9-2 飞瓜数据

图9-3 灰豚数据

第 9 章 直播电商的复盘、分析与优化

图9-4 新榜数据

> **温馨提示**
>
> 使用直播平台自带的数据分析工具只能够查看自己账号的直播数据，而使用第三方数据平台不仅可以查看自己账号的直播数据，还能够查看其他账号的直播数据，用于分析竞争对手，知己知彼方能百战不殆。
>
> 主流数据分析平台的功能都比较雷同，通常都是付费才能使用全部功能。对于刚开始从事直播电商的读者，可以使用直播平台自带的数据分析工具。

9.2.2 用户数据分析

用户数据分析主要用来分析直播间的转粉能力、关注互动率和流量来源，这类数据主要包括观众总数、新增粉丝数、评论人数和点赞次数。如图9-5所示，在抖音直播时，在"数据中心"中的"数据总览"可以清晰地看到直播间的观众人数和各项互动指数，通过用户数据分析和用户画像分析能够直观判断直播间流量是否精准。如图9-6所示，在抖音直播时，通过"数据中心"中的"粉丝分析"能够清晰地看到直播间粉丝变化和粉丝画像数据。

205

图9-5 直播互动数据

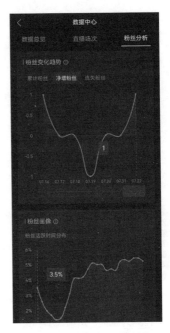

图9-6 直播粉丝画像数据

> **温馨提示**
>
> 在抖音中"创作者中心"中的"我的服务"下,用户可以选择"数据中心",如图9-7所示,即可进入数据中心后台。

图9-7 抖音的"数据中心"入口

转粉能力是指通过一场直播，账号增加粉丝数量的表现，主要是考核直播间粉丝转化率。分析方法：直播间粉丝转化率＝新增粉丝/观众总数。

直播间互动率是总观看人数与互动人数的比值，互动行为包括点赞、评论、打赏。分析方法：直播间互动率＝互动人数/观众总数。

在进阶用户数据分析时，还应该把直播间账号的粉丝数据与非粉丝数据分开进行分析，即对直播间非粉丝的互动行为进行分析。分析方法：非粉丝互动＝直播间总互动数－直播间粉丝互动数。

抖音直播间流量来源主要有 Dou+ 流量、竞价流量、千川流量、品牌广告、视频推荐、粉丝流量、直播推荐等多个渠道，其中直播推荐、视频推荐和粉丝流量属于系统推荐的自然流量。如果引流视频的内容标签匹配不到精准用户，那么引流来的直播间观众也就不容易留存和转化。同样，账号的粉丝画像与直播销售的商品属性不匹配，进入直播间的粉丝也很难形成销售转化。直播间流量来源的数据如图 9-8 所示。

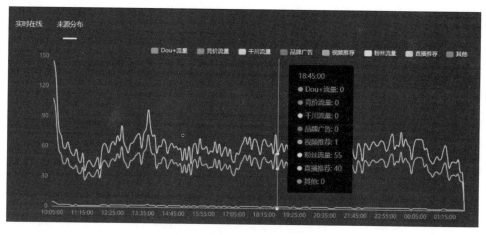

图9-8　直播间流量来源数据

9.2.3　经营数据分析

直播经营数据也称为电商数据，在直播数据分析平台中主要在"直播榜"和"商品榜"展示，如图 9-9 所示。在日常电商经营数据分析中又分为成交数据分析和非成交数据分析，其中成交数据包括总销售额、总销量、成交转化率、订单付款率等，非成交数据包括商品点击率、商品下单率、商品退单率等。

图9-9　直播数据分析平台数据

总销售额和总销量是最直观判断直播效果优劣的重要指标，如图9-10所示。

图9-10　直播经营数据

商品点击率指直播间观众点击商品的次数与直播间总观众数之比。通过商品点击率能够判断商品和卖点话术对用户的吸引程度。

通过订单付款率能够判断主播追单的能力，以及商品本身与描述的差异度。订单付款率是指用户点击商品然后下单付款的概率。

具体算法是：

商品点击率 = 直播间用户付款商品数 / 直播间观众点击商品的次数

订单付款率 = 直播间用户付款商品数 / 直播间观众下单商品的次数

如果商品点击率和订单付款率之间的数值存在较大的差异,那么问题应该出在产品价格和主播话术上,此时可以针对这两种情况进行对应的优化。

> **大师点拨**
>
> 如何评判各项用户数据与经营数据的质量,是困扰很多直播运营新人的核心问题。在实操工作中,我们可以利用数据分析平台查询各项榜单中排名较为靠前的账号,进行各项数据对比。
>
> 另外,我们还可以利用数据分析平台辅助开展选品工作。比如,根据蝉妈妈数据中的小店品牌榜可以查询近期各类热销商品和热销品牌,如图9-11所示。

图9-11 蝉妈妈小店品牌榜

课堂范例

如何运用抖音数据中心查询分析直播数据

抖音自带的直播数据分析工具只能够分析本账号的直播数据,常用于一场或一个阶段的直播复盘,其特点是数据准确度极高、数据维度全面、手机端和PC端均可操作。手机端的具体操作步骤如下。

步骤① 在手机端打开抖音APP,在"我"中选择"直播动态"选项,如图9-12所示。

图9-12 抖音直播动态

步骤❷ 在"直播动态"页面中选择"主播中心"选项，如图9-13所示。然后在"主播中心"页面中选择"数据中心"选项，如图9-14所示。

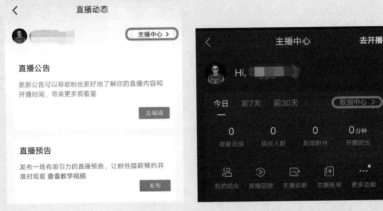

图9-13　抖音主播中心　　　图9-14　抖音数据中心

步骤❸ 在数据中心的"单场数据"中选择需要分析的具体直播场次，即可查看相关直播数据，如图9-15所示。

图9-15　抖音单场直播数据

第 9 章 直播电商的复盘、分析与优化

> **大师点拨**
>
> 直播复盘是对直播数据的收集与分析。其中分析数据时如果要评判数据的质量,有个较为简单的方法,也是在实际工作中最常用的方法——"比较法",即与对标账号进行同类数据对比。

9.2.4 直播预算复盘

前文中我们讲到,流量由付费流量和自然流量组成。本节中的直播预算复盘就是对付费流量的产出价值进行分析总结,最后得出的结果就是"投产比"。投产比的算法是:

投产比 = 全场 GMV/ 付费流量投入金额

如果直播预告视频进行了付费推广,也要计入付费流量成本中。通常单场直播的投产比达到 1:7 就能够实现盈亏平衡。

另外,直播预算复盘不能只看付费流量成本,还要重视直播间的留客成本,比如直播间粉丝红包、福利商品的亏损金额等。整体销售的商品还要计算毛利润率,具体算法为:

毛利润率 =(全场 GMV- 商品成本)/ 全场 GMV

在经过直播预算复盘后,能够明确一场直播的盈利能力是否合格。如果实现了盈利,即使利润率较低,运营者也可以通过加大投放金额来实现更高的 GMV 值。

> **大师点拨**
>
> 在进行直播预算复盘时需要注意退单金额。严谨的直播预算复盘应该在全场 GMV 中减去 48 小时内的退单金额,避免复盘利润比实际利润高的假象发生。这种直播预算复盘还能够推算出用户对商品的满意度。

 9.3 直播方案优化

通过直播间的数据分析,能够挖掘数据背后的信息,可以评估一场直播效

211

果的好坏，从而有针对性地对直播进行提升改进。前文中的数据类型就是运营者需要对照进行优化的项目，主要为直播策划的优化、主播能力的优化、商品的优化。

9.3.1 ▶ 直播策划的优化

直播策划的优化是通过数据分析找到直播中的缺点，并对整场直播所涉及的各方面查漏补缺，进行全面优化。在此项中直播流程最为重要，主要体现在与观众行为相关的数据领域。比如，通过数据分析发现在转款时粉丝互动数发生大量下滑，则可以判断为转款话术缺乏吸引力，那么，在下场直播时需要重点优化。再比如直播间互动率较低，我们可以通过主播的引导来增加互动。直播间福利发放是一个很好的互动活动，不仅可以提升直播间的互动，还能提升观众平均停留时长。

诸如此类的与观众数量和互动数量相关的数据不佳时，改进就要把主要精力花在引流和流量留存上。

9.3.2 ▶ 主播能力的优化

直播间的观众互动和商品成交相关数据都与主播能力有着密切关系，特别是观众停留时长更是由主播在直播间的表现所决定的。直播话术平淡、主播没有激情、节奏过慢、主播整体表现没有特点，都会造成观众停留时长较短。

这时就需要优化主播能力，特别是主播话术和直播情绪、肢体语言等方面，也可以优化直播场景，配合主播达到更好的直播效果。

9.3.3 ▶ 商品的优化

我们在前面提到过，成交量和转化率是评估一场直播优劣最重要的指标，如图9-16所示。造成成交量和转化率不高的原因主要是观众对主播缺乏信任，或者是直播商品与直播间观众的消费需求不匹配。

图9-16　直播成交数据

如果观众对主播信任度不够，则需要主播提高直播频次，逐渐形成直播IP。

转化率低主要是选品、价格、卖点、商品组合等方面的问题，运营者可以通过比对商品与观众用户画像是否存在差别、判断选品质量来解决。而在一场直播中，商品组合应该是福利款商品、利润款商品和憋单款商品的组合。运营者需要查看各类商品数据是否达到运营要求，并对其进行优化。

> **大师点拨**
>
> 通过数据分析优化直播，不仅需要分析自身的直播间数据，还需要通过第三方数据分析平台同步对比优秀直播间数据，这样才能真正找到直播间的缺陷，从而有针对性地进行优化。

课堂问答

通过本章的学习，读者对直播数据分析和优化直播方案有了一定的了解，下面列出一些常见的问题供学习参考。

问题1：直播复盘需要对哪些数据进行分析？

答：直播复盘主要对直播间的用户数据和经营数据进行分析。用户数据是和直播间观众行为相关的数据，包括直播间总人数、峰值在线人数、平均观看时长、点赞数、评论数等。经营数据是和商品成交相关的数据，包括商品点击率、下单数量、订单付款率、GMV等。

问题2：直播预算复盘有何价值和作用？

答：通过直播预算复盘，能够计算出单场直播付费流量带来的销售转化价值。投产比越高，流量价值越大。

通过本章内容的学习，请读者结合任务分析及任务步骤完成实训任务，巩固本章所讲解的知识点及实操应用。

任务1：制作直播预算复盘表

【任务分析】：直播预算复盘表可以让成本数据与销售数据更加直观，方便用户在进行数据分析时使用。

【任务目标】：熟悉直播预算方面相关的数据，掌握直播预算复盘表的制作方法。

直播预算复盘表主要包括付费流量成本、全场GMV值、投产比、留客成本等数据。具体的直播复盘表如表9-2所示。

表9-2 直播预算复盘表

直播场次	计划投放金额	计划投产比	实际投放金额	全场GMV	投产比（ROI）	留客成本	利润率

任务2：根据直播复盘制作直播优化表

【任务分析】：任务的核心在于分析整体直播中各项工作的得与失，并针对得失找到解决办法。

第 9 章 直播电商的复盘、分析与优化

【任务目标】：掌握优化直播的方法。

直播优化表是对应直播复盘中各项数据分析的总结和优化思路，其有助于团队发现问题，并给出了具体的解决方案。直播优化表如表 9-3 所示。

表 9-3　直播优化表

主播/副播			直播预告			选品/商品组合			付费推广			直播场控			备注
优点	缺点	优化方案	优点	缺点	优化方案	优点	缺点	优化方案	优点	缺点	改进计划	优点	缺点	改进计划	直播总结

知识能力测试

本章讲解了直播复盘和直播方案优化的相关事项，为了对知识进行巩固，请读者完成以下练习题。

一、填空题

1. 直播间复盘是对直播中各项_____数据和_____数据进行分析总结，找出其中的优缺点。

2. 直播数据分为_____和_____两类，分别代表着直播间观众行为的数据指标和商品交易相关的数据指标。

3. 投产比（ROI）是指一场直播中_____与_____的比值。

二、判断题

1. 直播预算复盘是指分析直播商品的成本与利润的比值。（　　）

2.通过观众互动数据的分析,能够发现主播能力的优缺点,并有针对性地进行优化。(　)

3.第三方数据分析平台的直播数据比直播平台自带的数据分析工具中的数据更准确。(　)

三、选择题

1.直播平台自带的数据分析工具不能查询(　)数据。

  A.直播间观众数量　　　　B.别人的直播账号

  C.GMV值　　　　　　　D.付费流量

2.直播间用户数据不包括下列哪一项数据?(　)

  A.ROI值　　　　　　　B.峰值在线人数

  C.总在线人数　　　　　D.评论数

3.直播间商品转化率低主要是由(　)造成的。

  A.直播间互动不足　　　B.直播间观众少

  C.商品与观众需求不匹配　D.竞争太大

附录 A
知识与能力总复习（卷1）

（全卷：100分　　答题时间：120分钟）

得分	评卷人

一、选择题（每题1分，共20小题，共计20分）

1. 直播电商是将直播与电商相融合的一种（　　）模式。
   A. 营销　　　　　　　　　　　B. 运营
   C. 直播　　　　　　　　　　　D. 内容

2. 直播电商又称为（　　）或内容电商。
   A. 搜索电商　　　　　　　　　B. 兴趣电商
   C. 图文电商　　　　　　　　　D. 跨境电商

3. 以下哪项不属于短视频的特点？（　　）
   A. 制作门槛低　　　　　　　　B. 流程简单
   C. 形式简单　　　　　　　　　D. 传播性强

4. 常见的画面采集设备主要为：智能手机、单反相机和（　　）。
   A. 望远镜　　　　　　　　　　B. 电视机
   C. 高清网络摄像头　　　　　　D. 电脑

5. 抖音小店又称"抖店"，是由抖音为商家提供（　　）服务的工具。
   A. 引流　　　　　　　　　　　B. 内容
   C. 广告　　　　　　　　　　　D. 电商

6. 满减活动是利用消费者（　　）心理的一种营销方式。
   A. 虚荣心　　　　　　　　　　B. 占便宜
   C. 上进心　　　　　　　　　　D. 好胜心

7. 直播平台流量推荐算法的核心是将内容和用户（　　）、评分化。
   A. 标签化　　　　　　　　　　B. 内容化
   C. 数据化　　　　　　　　　　D. 抽象化

8. 公域流量是指可以不断获取用户的（　　），其优点是通常流量巨大。
   A. 直播间　　　　　　　　　　B. 信任度
   C. 流量池　　　　　　　　　　D. 消费场景

9. 高转化率直播间往往是商品与直播间粉丝的（　　）相吻合。
   A. 用户画像　　　　　　　　　B. 需求
   C. 时间　　　　　　　　　　　D. 区域

10. 直播电商内容策划不包括下列哪一项？（　　）
    A. 内容定位　　　　　　　　　　B. 呈现形式
    C. 场景设计　　　　　　　　　　D. 设备选择

11. 优秀的主播需要个性化的语言标识来吸引用户关注，语言识别性可以是一句口头禅、一段幽默的（　　）或者一种独特的语气。
    A. 文字　　　　　　　　　　　　B. 画面
    C. 自我介绍　　　　　　　　　　D. 故事

12. "今天晚上8点，我们准时开播，8.18宠粉福利专场，大品牌满天飞，错过遗憾一整年"这句属于什么话术？（　　）
    A. 预告话术　　　　　　　　　　B. 留人话术
    C. 成交话术　　　　　　　　　　D. 下播话术

13. 直播脚本必须包括直播时间规划、商品计划、主播计划、（　　）。
    A. 直播定位　　　　　　　　　　B. 社群计划
    C. 活动计划　　　　　　　　　　D. 私域流量计划

14. （　　）的直播脚本是指通过价格吸引观众，这种类型的直播脚本适用于具有价格优势的商品或福利场直播。
    A. 价格型　　　　　　　　　　　B. 对比型
    C. 品牌型　　　　　　　　　　　D. 科技型

15. 抖音直播间Dou+投放获取的流量是一种（　　）流量。
    A. 免费　　　　　　　　　　　　B. 私域
    C. 亏损　　　　　　　　　　　　D. 付费

16. 小店随心推是抖音推出的（　　）移动端推广工具，只能推广抖音电商商品。
    A. 内容专属　　　　　　　　　　B. 电商专属
    C. 用户专属　　　　　　　　　　D. 短视频专属

17. 直播复盘是指对直播间的（　　）进行分析总结，旨在帮助直播工作的各环节再现直播表现。
    A. 各项数据　　　　　　　　　　B. 粉丝数据
    C. 销售数据　　　　　　　　　　D. 互动数据

18. 以淘宝为代表的传统电商属于（　　）电商。
    A. 搜索电商　　　　　　　　　　B. 内容电商
    C. 兴趣电商　　　　　　　　　　D. 跨境电商

19.直播间流量推荐是一种（　　）机制。
   A.分享　　　　　　　　　　B.赛马
   C.平均　　　　　　　　　　D.先后
20.直播优化需要通过直播（　　）找到数据支撑。
   A.推广引流　　　　　　　　B.转化率
   C.计划表　　　　　　　　　D.复盘分析

得分	评卷人

二、填空题（每题2分，共20小题，共计40分）

1.所有生意的核心都是在解决卖家与买家之间的_____问题。

2.微信中的_____是由腾讯于2020年推出的一款短视频和直播平台。

3.短视频的两大核心变现模式分别为_____模式和_____模式。

4.KOL又称为_____，是指被目标群体所_____或_____，并对该群体的购买行为有较大影响力的人。

5.直播中常用的拍摄高度主要有_____、_____和仰拍。

6.在抖音上从事商品销售主要有两个途径，分别是小黄车和_____。

7.主流直播平台的初始流量池一般为_____以下。

8.直播间最重要的销售指数是_____值。

9.流量的价值主要取决于_____的成本和流量的_____。

10.直播电商选品时针对商品品牌应本着_____的原则。

11.IP是指包含_____、_____、_____等要素，经过高度提炼的一种_____。

12.人货场中的"人"是指_____，并非单指主播一个岗位。

13.主播的类型应该根据主播的特点进行设定，常见的主播类型分别是_____、_____、_____、_____。

14.直播前的工作主要是商品选择、_____、_____和直播策划。

15.直播排期表中需要包含时间、直播主题、_____、_____、选品负责人和直播负责人。

16.新主播快速起号主要由_____、_____、_____、_____4步组成。

17.淘宝直播付费推广主要通过_____投放，又称为"钻展"。

18. 转粉能力主要是考核粉丝转化率。计算方法：_____。

19. 直播优化是指根据直播_____的结果找到解决问题的办法。

20. 非成交数据包括_____、_____、商品退单率等。

得分	评卷人

三、判断题（每题1分，共15小题，共计15分）

1. 通过直播电商购买商品属于一种感性消费。（   ）

2. 4G网络的普及和5G的应用，也为直播电商提供了高效可行的硬件环境。（   ）

3. 短视频是一种互联网内容传播方式，主要特点是内容浓缩、时长较短。（   ）

4. 直播电商不仅要遵守广告法中对营销用词的要求，还得满足直播平台的相关规定。（   ）

5. 数据运营是通过运用数据分析来指导决策、实现业务增长的过程。（   ）

6. 探照灯是一款直播间常用的光线补充设备。（   ）

7. 开通抖音小店的主体主要是个体工商户与企业。（   ）

8. 巨量引擎是腾讯旗下综合的数字化营销服务平台，整个微信生态系产品均可使用巨量引擎进行推广。（   ）

9. 商品售价与进货成本价差越大的商品越利于营销。（   ）

10. 直播定位设计主要是帮助主播提升直播能力。（   ）

11. 直播间作为一个卖货场所，需要干净整洁，切勿脏乱差。如同商城一样应该光线充足，切勿阴沉暗淡。（   ）

12. 主播可以通过与直播间观众发生语言冲突来增加直播间热度。（   ）

13. 直播后期工作主要是售后服务、订单处理和直播复盘分析。（   ）

14. 不同商品在直播时需根据商品特点撰写有针对性的直播脚本。（   ）

15. 直播平台算法推荐流量是一种付费流量。（   ）

得分	评卷人

四、简答题（每题5分，共5小题，共计25分）

1. 淘宝所代表的传统电商与抖音所代表的直播电商主要的区别是什么？

2.什么是流量池？流量池如何划分？

3.直播电商如何进行自身优势分析？

4.直播间流量主要来源于哪些渠道？

5.如何创建Dou+推广计划为抖音直播间引流？

附录 B
知识与能力总复习（卷 2）

（全卷：100分　　答题时间：120分钟）

得分	评卷人

一、选择题（每题1分，共15小题，共计15分）

1. 下列哪项不属于直播电商与传统电商的对比优势？（　　）

　　A.展示性　　　　　　　　　　　　B.及时性

　　C.互动性　　　　　　　　　　　　D.搜索性

2. 同一直播电商账号主体在多个直播电商平台创建账号，这种行为被称为账号（　　）。

　　A.矩阵　　　　　　　　　　　　　B.建设

　　C.打造　　　　　　　　　　　　　D.内容

3. 投产比是指引流费用与最终销售金额的比值，其英文缩写为（　　）。

　　A.ROI　　　　　　　　　　　　　B.MCN

　　C.BGM　　　　　　　　　　　　　D.KOL

4. 直播间交易总额是衡量一场直播最重要的一项指标，其英文缩写为（　　）。

　　A.UV　　　　　　　　　　　　　　B.GMV

　　C.PMG　　　　　　　　　　　　　D.AUD

5. "场"环节的主要工作为电商运营、直播运营和（　　）。

　　A.活动运营　　　　　　　　　　　B.社群运营

　　C.内容运营　　　　　　　　　　　D.数据运营

6. 商家可以在"营销工具"中自行设置各种（　　），如满减、拼团、优惠券、限时限购等。

　　A.营销活动　　　　　　　　　　　B.粉丝活动

　　C.数据分析　　　　　　　　　　　D.流量转化

7. 抖音针对服装内衣类企业直播电商收取的开店保证金为（　　）。

　　A.5000元　　　　　　　　　　　　B.1000元

　　C.4000元　　　　　　　　　　　　D.2000元

8. 巨量千川是巨量引擎旗下的（　　）平台，为商家和达人们提供抖音电商一体化营销解决方案。

　　A.内容推广　　　　　　　　　　　B.电商广告

　　C.平面广告　　　　　　　　　　　D.户外广告

9.下列哪项指数不属于直播间人气指数?(　　)

　　A.观看人数　　　　　　　　　B.停留时长

　　C.关注人数　　　　　　　　　D.销售额

10.私域流量是指个人或企业拥有的(　　),且不允许其他个体或企业获取该流量。

　　A.直播间　　　　　　　　　　B.抖音账号

　　C.流量池　　　　　　　　　　D.电商店铺

11.IP具备高识别性、(　　)和高传播性的特点。

　　A.高信任度　　　　　　　　　B.高消费

　　C.高流量　　　　　　　　　　D.高同质化

12.下列哪项不属于直播间留人话术?(　　)

　　A.价值承诺　　　　　　　　　B.设置目标

　　C.制造悬念　　　　　　　　　D.自我介绍

13."感谢家人们,10分钟后今天的直播就结束了,最后一波福利来了"这句属于什么话术?(　　)

　　A.预告话术　　　　　　　　　B.下播话术

　　C.留人话术　　　　　　　　　D.转款话术

14.直播(　　)按照销售金额约定比例进行提成。

　　A.坑位费　　　　　　　　　　B.销售佣金

　　C.转化率　　　　　　　　　　D.后续销售佣金

15.站内私域流量是指账号的(　　)和历史购买用户。

　　A.互动用户　　　　　　　　　B.粉丝用户

　　C.潜在用户　　　　　　　　　D.推荐用户

得分	评卷人

二、填空题(每题2分,共20小题,共计40分)

1.直播电商通常分为_____和_____两种模式。

2.直播电商账号信息需要向用户传达_____、_____和_____三大核心信息。

3.直播电商工作人员开展的环节工作均是围绕"_____、_____、_____"进行。

4. 直播设备按照功能主要分为_____、_____和辅助软硬件。

5. 添加小黄车需要在手机端打开抖音APP,在"创作者中心"选项中点击_____。

6. Dou+是一款抖音_____工具,主要用于推广短视频和直播。

7. 流量的价值主要取决于_____的成本和流量的_____。

8. 低客单价但_____的商品非常适合直播电商销售。

9. 直播电商选品渠道主要分为_____渠道和_____渠道两种。

10. 在直播电商领域,竞争对手分析主要从以下5个维度开展:_____、终端售价、活动规模、_____、_____。

11. 主播的视觉强化主要通过_____、_____、_____的挖掘来实现。在打造的过程中不需面面俱到,应该选择一项能够突出主播特点的方向,不断强化。

12. 人货场中的"场"是指直播间的场景。作为_____与_____的载体,需要贴合主播与商品特点。

13. 直播间话术主要由留人话术、_____、_____、_____和转款话术构成。

14. 同达人合作进行带货,一般需要支付_____、_____和_____。

15. 算法推荐流量通常占据整个直播间流量的50%以上。平台通过_____标签和_____标签识别,把直播间推荐给相关用户。

16. 直播复盘的关键指标数据是_____数据和_____数据。

17. 直播数据分析中的数据可以通过直播平台的_____和_____平台获取。

18. 抖音直播间的数据可以通过_____中的"数据中心"查看。

19. 投产比的算法是:投产比=全场MCN/_____。

20. 最重要的直播间用户数据分别是直播间总人数、_____、平均观看时长和_____。

得分	评卷人

三、判断题(每题1分,共20小题,共计20分)

1. 直播电商始于2016年由淘宝推出的淘宝直播。( )

2. 抖音和快手都属于流量巨大的搜索电商平台。( )

3.香烟不属于直播电商禁售范畴,所以可在各大直播电商平台销售。( )

4.OBS和抖音直播助手都属于直播辅助软件。( )

5.背面拍摄是直播间使用最多的一种拍摄角度。( )

6.一个营业执照可以开通多个抖音小店。( )

7.主流直播平台的初始流量池一般为1000以下。( )

8.流量密码是指能够吸引流量的全部因素。( )

9.引导用户加入微信群是一种将公域流量转化为私域流量的方法。( )

10.主播定位应本着发挥主播特长的基本原则,尽可能展示主播最擅长的能力。( )

11.直播IP视觉识别性是一种视觉强化行为。( )

12.人货场中的"货"是指直播电商所售商品和商品背后的供应链。( )

13.达人带货的后续销售佣金是指按照销售金额约定比例进行提成。( )

14.直播计划是按照直播前、中、后期进行规划的一项直播工作。( )

15.跨平台引流通常是不被允许的,各大平台都会保护自己的流量,避免流失。( )

16.巨量千川不仅可以推广商品、店铺,还能推广短视频。( )

17.直播间经营数据主要包括商品点击率、下单数量、下单支付率、GMV等。( )

18.第三方数据分析平台不能分析他人直播账号的直播数据。( )

19.毛利率具体算法:毛利润率=(全场GMV–商品成本)/全场UV。( )

20.直播电商复盘只需分析经营相关数据。( )

得分	评卷人

四、简答题(每题5分,共5小题,共计25分)

1.流量的特点和价值是什么?

2.为什么要打造直播IP?

3.新主播开播的流程主要由哪几步组成?

4.直播前的引流推广有哪几种方法?

5.直播复盘分析的价值与作用是什么?

附录 C
直播电商常用术语释义速查

术语/概念	释义
直播间流量	规定时间段内进入直播间的人数
引流	帮助直播间获得流量的方法
投流	付费引流的方法
直播间互动	点赞、评论、关注、转发都属于互动行为
音浪	抖音的虚拟货币，抖音直播间打赏的单位
快币	快手的虚拟货币，快手直播间打赏的单位
挂链接	在直播间上架商品链接
直播广场	常指直播平台中的直播入口汇聚地
小黄车	抖音直播间售卖商品的购物车，因其为黄色，所以称为"小黄车"
商品橱窗	直播电商商品分享功能
MCN	主播、品牌方、媒体平台三方的中介机构
KOL	意见领袖源于两级传播理论，也被称为关键意见领袖（Key Opinion Leader，简称KOL）
UV	即独立访客数，指访问某个站点或点击某个网页的不同IP地址的人数
SKU	库存量单位。对于电商行业，店铺中的一个商品就是一个SKU
ROI	投入产出比
GMV	商品交易总额
GPM	直播间每1000个观众购买的总金额
ACU	直播间同时在线人数
CTR	点击率或点曝比，互联网广告常用的术语
PCU	直播间最高在线人数
DAU	网站或电商一个自然日的活跃用户数量
MAU	网站或电商一个月的活跃用户数量
CVR	直播间转化率
C2M	销售端的用户反馈

续表

术语/概念	释义
eCPM	估算千次投放成本
OEM	代工或代生产，借用别人的技术和品牌，工厂只负责生产
精选联盟	精选联盟是抖音电商旗下连接抖店供应端（商家）与流量端（推广者）的交易营销系统
在线时长	用户在直播间的平均停留时长
客单价	平均每个顾客的成交金额
坑位费	邀请明星网红帮助直播带货所收取的相关费用
带货佣金	电商主播按照直播间产品销量，向商家收取一定比例的佣金
主播	直播间核心主持人
副播	在直播间配合电商主播的助理
品牌专场	主播和品牌合作的直播带货专场
直播拼场	在单场直播里，带货多个品牌的产品
引流款	通过优惠吸引用户进入直播间的商品
利润款	直播间主要盈利的商品
憋单款	引导用户完成下单支付的商品
直播推流	将本地视频源和音频源传输到服务器的过程
上热门	直播间获得了直播平台推荐的巨大流量